赋能未来

培训师与管理者的协同进化

张玉————著

中国铁道出版社有限公司
CHINA RAILWAY PUBLISHING HOUSE CO., LTD.

北　京

图书在版编目（CIP）数据

赋能未来：培训师与管理者的协同进化 / 张玉著 .
北京 ： 中国铁道出版社有限公司，2024. 12. -- ISBN
978-7-113-31707-2

Ⅰ．F272.3

中国国家版本馆 CIP 数据核字第 2024443YU1 号

书　　名：赋能未来——培训师与管理者的协同进化
　　　　　FU NENG WEILAI——PEIXUN SHI YU GUANLI ZHE DE XIETONG JINHUA

作　　者：张　玉

责任编辑：郭景思　　　编辑部电话：（010）51873007　　　编辑邮箱：guojingsi@sina.cn
封面设计：末末美书
责任校对：苗　丹
责任印制：赵星辰

出版发行：中国铁道出版社有限公司（100054，北京市西城区右安门西街 8 号）
网　　址：https://www.tdpress.com
印　　刷：三河市宏盛印务有限公司
版　　次：2024 年 12 月第 1 版　2024 年 12 月第 1 次印刷
开　　本：710 mm×1 000 mm 1/16　印张：11.75　字数：176 千
书　　号：ISBN 978-7-113-31707-2
定　　价：58.00 元

序言

　　古有《师说》，今有培训师说。企业的经营和发展需要技术、理念的传播与传承，需要诸多培训师承担这一使命。培训师犹如一个个火种散播在企业中，发挥着点燃激情、引领变革的作用，对影响和改变企业乃至市场环境具有重要意义。培训师（以下简称讲师）队伍需要"优秀讲师宣言"指引：

　　三尺讲台，一支话筒，

　　我是优秀讲师培养计划讲师团成员，

　　我宣誓：尊师重道，服务企业，诚信为本；

　　我践行：德艺双馨，自强不息，知行合一；

　　我坚持：反躬自省，励精图治，创新求强；

　　我警醒：人人是讲师，人人是学员，教学相长，协同共修；

　　我信奉：因热爱拿起话筒，因使命走向讲台，因传承不断进取；

　　讲师声音，世界思想；

　　兴师报国，中华复兴；

　　优秀讲师将你我理想变为现实！

　　我是优秀讲师，我骄傲我自豪！

　　所有工作的第一要务是从思想入手，讲师恰恰是影响学员思想的这样一群人。因此，讲师需具备正向的内在能量和价值观。而"优秀讲师宣言"就是讲师行走"业界"的精神纲领，是讲师的根，是讲师的魂！

讲师之所以能够持续在讲台上发光发热，关键在于他们与学员之间能够建立有效的知识传递与启发关系。从企业培训的视角来看，高效沟通与适时引导是讲师制胜的法宝。高效沟通意味着讲师能够以清晰、易懂的方式向学员传授知识，而适时引导则是指讲师在恰当的时机引导学员发现新知，激发学员的学习兴趣。但随着科技的发展，人们获取信息越来越便捷，讲师和学员之间的认知差将越来越小，这就要求讲师要不断学习，深化自己的专业知识，拓宽视野，才有能力持续在讲台上贡献价值。

输出是最好的学习。在企业培训中，首先要引导学员学会从"0"到"1"，然后才能从"1"到"N"。在讲师进阶的路上，学员要用输出助力知识转化。为了给学员做示范，我每天用"讲师说"这样小作文的形式潜移默化去影响学员，希望能帮助学员学习、巩固、拓展知识体系。"讲师说"的日积月累便成了本书的基础素材。

在讲师进阶过程中，我总在思考：我们是谁的讲师？我们做的是企服工作，我们是企业的讲师，我们要用系统观来看一个企业，要从专业技能和核心理念两方面去认识什么是讲师，怎样才能成为优秀讲师。如果说我的第一本书《一本书读懂培训师工作法则》是从技能的层面来阐述讲师工作方法的话，那么《赋能未来：培训师与管理者的协同进化》就是从理念的层面解剖讲师传播之道。

本书紧紧围绕企业经营管理者与讲师传播技术两大核心，共包含18讲，内容涉及教学技能、经营管理、学习成长、教学工具、培训素材等，旨在成为企业管理者和讲师进阶成长的工作指南。

如果您是讲师，在传道授业解惑的过程中感到有心无力，学了很多教学技术和方法仍然没有达到自己的期望；如果您是企业的管理者，在创业路上遇到了难以摆脱的烦恼，不知道带领团队走向何方；如果您是服务企业的中间机构人员，在陪跑企业的路上遇到了一些障碍，触及了自己的知识盲区，那么，请打开本书，您将有意想不到的收获。

张　玉

2024 年秋

目录

第三章　讲师怎样实现学习与成长

第四章　讲师如何做到声情并茂

第五章　讲师的培训素材从何而来

后记

第一章

讲师需掌握哪些培训技能

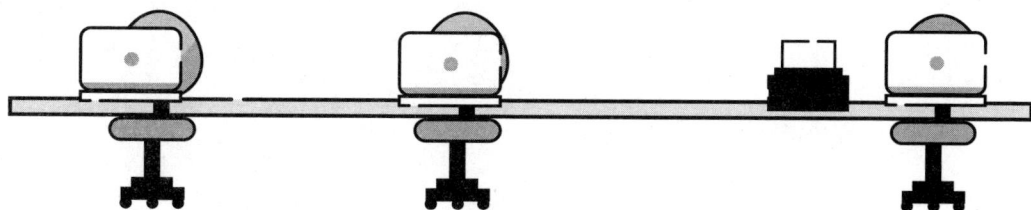

　　企业发展离不开竞争，而竞争的本质就是人才的竞争。一个企业的核心竞争力是拥有尽可能多的人才。人才在哪里？对企业来说，仅仅依靠招聘现成的人才是不够的，耗时久、成本高，还可能出现"水土不服"的情况。因为寻找人才和吸引人才都需要付出足够的时间和财力，外来人才适应新环境也需要一个过程。比起招聘人才，企业内部培养人才才是长久之计，这也正是如今众多企业重视企业培训的原因所在。

　　关于企业培训讲师，很多企业都在围绕如何培养合格讲师，乃至优秀讲师而探求真谛，关于讲师应该掌握哪些教学技能，许多参加讲师培训的学员可能会产生以下疑问。

　　学员 1：我想知道成为一名合格、优秀的讲师，最基本的要求是什么？我们凭借什么得到别人的认可呢？

　　学员 2：我们要掌握哪些教学方法和技术呢？

　　我认为作为一名讲师，掌握科学的教学方法和技术是展现价值的关键。如果说培训是一项行动，那我们就需要谨记"理念先于行"。首先，应该掌握先进的教学理念。其次，作为讲师，本职工作就是传道授业解惑，因此需要掌握授课技能。同时，展开培训活动依托于成形的课程，应该挖掘课程的精髓。此外，还需要注重对以往知识的沉淀、对边界问题的处理和给企业上课的模式。

第1讲　先进的教学理念有哪些

教学理念这一概念源自教育教学领域，在被引入企业培训后会保留一些原本的特点，但更多的是结合企业板块的内容。在信息快速更迭的时代，讲师需要掌握的教学理念不仅要多，还要新，也就是我们一直强调的先进。因为企业发展需要应用先进技术、企业员工需要具备先进技能。作为促进企业发展和员工进步的一大助力者，讲师就需要运用先进的教学理念来展开培训活动，下面是一些先进且好用的教学理念。

1. 好老板首先是一位好老师

作为老板，你是愿意别人称呼你为老板还是老师呢？不难发现，很多老板更喜欢别人称呼自己为老师。一方面可以展现自己在企业的地位与声望，另一方面则是对过往经历的一种诠释。每一位好的老板，他首先应该是一位好的老师，如果一个老板不具备培养人才的能力，那么就不能称为是一个合格的老板。每个老板都是通过晋升而获得现有岗位与职责的，而培养出合格的下属是检验一个老板是否具备领导能力的重要标准之一。所以说在成为合格老板之前，首先需要成为一名老师。

老板为企业业绩负责，老师为学员成长负责，这两个角色在各自的领域中承担着重要的责任。

（1）老板对企业业绩负责。在一个企业中，老板负责确保企业业绩的达成，这具体体现在运营情况上，如销售额、利润等。老板需要制定明确的业绩指标，带领团队实现，同时监控和评估业绩以调整战略。这一责任关乎老板个人职业发展及企业的生存与发展。

（2）老师对学员成长负责。教育旨在培养具备独立思考、自主学习、创新精神和实践能力的学员。老师作为教育者，需要促进学员成长，激发学员的学习兴趣与好奇心，掌握基本的知识和技能，培养思维与解决问题能力。同时，关注学员心理健康与个性发展，提供必要的支持与指导。老师承担学员成长的责任关乎学员未来和企业进步。

业绩背后依赖团队，团队则由文化塑造，文化又源于员工心智成长。因此，业绩持续增长需要团队内外成长。老板应适应角色，从命令式业绩转为赋能员工成长，携手共创企业业绩高峰。

2. 创新是智慧的起点

以一家传统书店通过 U 型理论[①]成功实现了数字化转型为例，不仅展现了 U 型理论在推动创新方面的潜力，也为其他行业提供借鉴。

（1）初识与重复。书店面临互联网发展和阅读习惯转变的挑战，需寻找新增长路径。

（2）开放与观察。书店积极参与线上活动，收集数据，观察市场动态，发现读者在线购书偏好和个性化体验。

（3）融入与感知。书店将数字化转型纳入战略规划，关注线上平台搭建，与读者建立更紧密的联系。

（4）探寻与流现。书店探索具体数字化转型方案，提升购书体验，拓展销售渠道和盈利模式。

（5）愿景与结晶。书店明确数字化转型愿景和目标，构建集购书、推荐、社区功能于一体的线上平台，制订实施计划。

（6）实践与原型。书店开发线上平台，组建技术团队，邀请读者试用反馈意见，优化完善。

（7）实现与运行。书店线上平台上线运行，吸引新用户，增加销售额，与读者建立更紧密联系，收集反馈意见支持未来发展。

通过这个例子，我们可以看到以上 U 型理论的七个步骤是如何指导一家传统书店实现数字化转型的。从初识与重复直到实现与运行，每一个步骤都至关重要。只有通过不断地观察、感知、探寻和实践，才能找到创新的道路并实现自我突破。

---

① U 型理论：麻省理工学院资深讲师奥托 · 夏默提出的一种思考方式理论，主张从源头而非经验看问题，它的应用非常广泛。在教育领域，它可以用来指导教师和学生的教学和学习方式。

在企业培训中,创新是推动其持续发展的关键动力。然而,作为讲师,我们有时可能会遭遇创新的瓶颈,感到缺乏灵感与创造力。在这种情况下,我们需要重新审视和激发自己内心的那份对世界的好奇与渴望。那些内心充满好奇、勇于探索、不断求知的人,他们的思维灵活,勇于打破常规,尝试新事物。与这样的人为伍,我们可以从他们身上学习到如何保持对世界的好奇心、如何保持开放的心态、如何倾听不同的声音,而不是急于给出答案。

因此,在企业培训中,我们不仅要关注知识的传递,更要注重培养学员的好奇心、探索精神和创新精神。作为讲师,我们应该努力营造一个开放、包容、鼓励创新的培训环境,让学员们能够自由表达、相互学习、共同成长。同时,我们也需要不断学习和探索新的教学方法和手段,以激发学员的创造力和创新精神,帮助他们更好地适应和应对未来工作的挑战。

3. 教是最好的学

列夫·托尔斯泰曾说:“人生的价值,并不是用时间,而是用深度去衡量的。”为实现价值,应做有意义之事,学习是拓展深度的途径。对讲师而言,最有价值的授业方式是从教中学,即教是最好的学。讲师的成长之路永无止境,做一名讲师不仅能引导他人,还能实现自我提升。

(1)教授他人需要我们对自己所教授的内容有深入的理解和掌握。这就要求我们不断地学习和探索,以确保我们的知识是准确和前沿的。在这个过程中,我们不仅能巩固和深化自己的知识体系,还能不断发现新的学习领域和兴趣点。

(2)教授他人是一种互动和交流的过程。在与学员的互动中,我们会遇到各种各样的问题和挑战,这些问题可能会激发我们的思考,促使我们重新审视和评估自己的观点和方法。通过解答学生的疑问和讨论,我们可以不断地拓宽自己的视野,提高自己的思维和解决问题的能力。

（3）教授他人还能让我们体验到知识的力量和价值。当我们看到学员因为我们的教导而取得进步和成就时，我们会感到无比的骄傲和自豪。这种成就和满足感会激励我们更加努力地学习和探索，以便为学员提供更好的教育和指导。

教，是最好的学，不仅适用于教育领域，也适用于个人的成长和发展。通过不断地教授他人，我们可以不断地学习和进步，实现自我提升和成长。

4. 讲师是学员的帮助者

俗话说："师父领进门，修行在个人。"在培训过程中，讲师的职责是讲解、讲授，不能做到完全的传授，知识需要学员在与情境的交互作用过程中自行构建。也就是说，在培训过程中，学员处于学习的中心地位，讲师扮演的角色是学员的帮助者。

【解读】 某企业培训案例：以建构主义教学理念为指导

（1）背景介绍。某知名企业为提高员工在项目管理方面的专业素养和综合能力，决定采用建构主义教学理念进行一次创新的企业培训。建构主义理论强调学习是一个主动建构意义的过程，而非被动地接受知识。在这种理念下，讲师引导学员通过实际操作、小组讨论和问题解决来深入理解并掌握项目管理知识。

（2）引导与铺垫。培训开始，讲师首先简要介绍了项目管理的基本概念，为后续深入学习做好铺垫。接着，讲师通过实际案例，让学员了解项目管理在实际工作中的应用场景，激发他们的学习兴趣和动力。

（3）实践活动。随后，讲师组织了一系列实践活动。学员被分成若干小组，每个小组需要完成一个实际的项目管理任务，如制订项目计划、管理项目进度等。在任务执行过程中，讲师鼓励学员积极交流、讨论，并引导他们运用项目管理知识解决实际问题。通过这些实践活动，学员不仅加深了对项目管理知识的理解，还学会了如何将其应用于实际工作中。

（4）问题探究与知识拓展。在实践活动的基础上，讲师进一步引导学员对项目管理中的难点和热点问题进行探究。讲师提出了诸如"如何有效管理项目风险""如何优化项目资源配置"等问题，并鼓励学员在小组内开展讨论和合作。通过问题的探究和解决，学员不仅拓展了自己的知识领域，还提高了解决问题和团队协作的能力。

（5）成果展示与经验分享。培训最后阶段，每个小组进行成果展示和经验分享，学员们详细介绍了项目管理的实施过程、取得的成果，以及遇到的挑战和解决方案。这些分享不仅展示了学员的学习成果，也为其他学员提供了宝贵的经验和启示。

（6）结果分析。本次培训充分展示了建构主义教学理念在企业培训中的应用效果。通过实践活动、小组讨论和问题解决等方式，学员能够主动参与学习过程，积极建构自己的知识体系。这种教学模式不仅提高了学员的学习兴趣和动力，还培养了他们的自主学习能力和创新精神。同时，通过团队合作和成果分享，学员之间的沟通和协作能力也得到了提升。总的来说，建构主义教学理念为企业培训注入了新的活力和动力，有助于提升企业员工的专业素养和综合能力。

建构主义教学理念是当今企业普遍接受的一种教学理念，建构主义教学的核心观点强调学习是一个主动、情境化和社会化的过程，其中学习者通过与环境的互动和与他人协作来构建自己的知识体系。建构主义教学的核心观点，如图1-1所示。

（1）学习的主动性。建构主义教学认为学习不是被动地接受知识，而是学习者主动探索和发现知识的过程。学习者需要积极参与到学习过程中，通过主动思考、提问、探索和实践来构建自己的知识。

（2）学习的情境化。学习发生在特定的文化背景下，情境对于学习者的意义建构至关重要。因此，在建构主义教学中，教师需要创设与学习内容相关、真实或模拟的情境，帮助学习者将所学知识与实际情境相联系，从而更好地理解和应用知识。

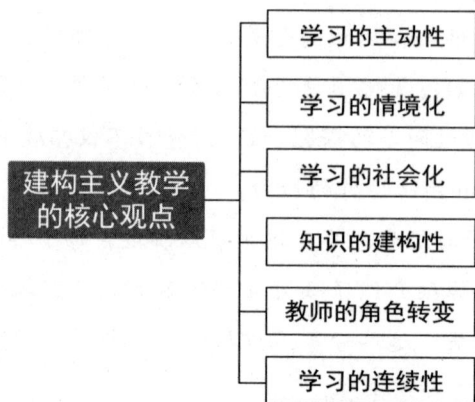

图 1-1 构建主义教学的核心观点

（3）学习的社会化。建构主义教学强调学习是一个社会化的过程，学习者通过与他人的互动和协作来获取知识。在建构主义教学中，教师鼓励学习者之间的合作与交流，通过小组讨论、角色扮演、项目合作等活动来促进学习者之间的知识共享和思维碰撞。

（4）知识的建构性。建构主义教学认为知识不是独立于学习者而存在的，而是学习者根据自己的经验和背景来构建的。因此，在建构主义教学中，教师尊重每个学习者的独特性和差异性，鼓励学习者根据自己的理解和经验来构建知识，形成自己的认知结构。

（5）教师的角色转变。在建构主义教学中，教师的角色从传统的知识传授者转变为学习的促进者、指导者和合作者。教师需要为学习者提供必要的学习资源和支持，引导学习者进行自主学习和合作学习，帮助学习者解决学习过程中的问题和困难。

（6）学习的连续性。建构主义教学强调学习的连续性和发展性。学习者在构建知识的过程中，需要不断地回顾、反思和修正自己的认知结构，以适应新的学习情境和挑战。因此，在建构主义教学中，教师需要关注学习者的学习过程和发展变化，及时给予反馈和指导，促进学习者的持续学习与成长。

总之，建构主义教学的核心观点是强调学习的主动性、情境化、社会化、知识的建构性，以及教师的角色转变和学习的连续性。这些观点为教学实践提供了新的思路和方法，让讲师和学员都认识到讲师只是学习的帮助者，从而有助于促进学员的自主学习和深度学习。

5. 教育是灵魂对灵魂的影响

当我们深入探讨个体内心的富足与外在物质追求的关系时，不难发现，一个精神层面极为丰富的人，往往对物质世界的依赖和需求会相应减少。这类人更倾向于将精力和时间投入到自我提升和成就他人上，他们选择成为讲师，不仅是为了传授知识，更是为了引领他人一同踏上内心成长的旅程。

正如古代的智者们，老子、孔子等，他们虽身处物质匮乏的时代，但内心的富足与智慧却使他们超越了物质的束缚。他们追求的是精神富足和内心平静，这种追求不仅使自身受益，更为后世留下了无尽的智慧与启迪。

6. "空杯"心态因人而异

在知识的探索与积累过程中，我们常常借用容器的概念来比喻知识的储存量。但不同于有形的水杯，知识的容器是无形的，它深藏于每个人的脑海中。对于刚刚步入职场的新人，他们如同一张白纸，尚未形成自己的知识体系和经验框架。因此，在接触新知识时，他们能够以近乎"空杯"心态，毫无保留地吸收和消化。

然而，随着职场经验的不断积累，他们的知识容器逐渐充实，形成了各自独特的认知结构和思维模式。此时，再要求他们以"空杯"心态去学习，就如同要求他们刻意遗忘过去的知识和经验，这不仅不现实，还可能造成知识资源的浪费。事实上，当个体拥有足够的知识储备时，更能够在新知识的学习过程中发挥主观能动性，进行深度思考和有效整合。

因此，我们应当认识到，"空杯"心态虽然在一定程度上有助于职场新人更好地吸收和理解新知识，但并非适用于所有人。在培训过程中，我们应根据学员的不同背景和特点，采用更加灵活和个性化的教学策略，帮助他们充分发挥自身潜力，实现对知识的有效转化和应用。

7. 反思是有效的学习

成功者的身上都有一种共同的品质，那就是他们擅长从每一次的经历中汲取智慧。每完成一项任务或经历一次挑战后，他们都会停下脚步，静心反省："这次经历，我到底学到了什么？"这种自我反省的能力，正是他们不断取得成功的关键所在。

反思的力量在于，它能帮助我们看见过去行为背后的逻辑，避免重蹈覆辙，更好地规划未来。没有反思的人生，就像一部没有导演的电影，缺乏连贯性和深度。

作为讲师，我们肩负着传递知识和智慧的使命。因此，我们更应该培养自己养成反思的习惯。当我们对昨天的教学内容进行反思时，实际上是在对自我进行一次深度的审视和提升。这种超越昨天自我反思的过程，是我们不断成长和进步的有效途径。

反思的目的在于总结和汲取，让我们能够从过去的经历中提炼出有价值的经验和教训，形成一套有效的方法论。这套方法论，就像一把钥匙，能够打开知识的大门，让我们更好地与他人分享和传递知识。

因此，我们应该珍视反思，将其融入工作和生活中。只有这样，我们才能不断超越自我，成为更好的自己。

8. 教育的本质不是灌输而是点燃

在企业培训环境中，讲师的角色是复杂而多面的。他们不仅是知识的传递者，更是学员潜能的发掘者和激发者。真正的培训，并非仅仅将知识如流水般灌入学员的脑海，而是要激发他们的学习兴趣和热情，让他们主动地去探索、去学习、去实践。

面对不同学员，讲师需要善于平衡抽离与介入。对解决问题能力强的学员，讲师应善于倾听、提问引导思考，从学员回答中汲取智慧。这种抽离不仅可以了解学员状态和需求，还有助于学员提升能力。对于知识基础薄弱、能力有待提升的学员，讲师需要及时介入，耐心细致地讲解知识，运用通俗易懂的语言和生动的案例帮助其理解。同时，关注学员学习进度和反馈，及时提供指导和帮助，确保学员掌握知识并转化为自身能力。

在这个过程中，讲师把握抽离与介入的时机很关键。一名合格的讲师需要敏锐感知学员学习状态和需求，灵活调整教学策略。讲师应适当留白，给予学员思考空间和时间，助其自我探索成长。

同时，讲师还需要不断提升自己的专业素养和教学能力，不断学习和更新知识，了解最新的教育理念和教学方法。只有这样，他们才能更好地满足学员的学习需求，帮助学员实现自我提升和成长。

9. 企业是一个充满机会和可能的"学校"

企业如同知识殿堂，员工就像其中的求学者。推动企业前进的不仅是卓越讲师，更是持续学习的全体员工。优秀员工更善于学习，深知艺不压身总有可学之处。

【解读】 有一家快速发展的科技公司，该公司的首席执行官（以下简称 CEO）李先生是一个极具远见和创新精神的领导者。他不仅注重产品的研发和市场的拓展，更重视员工的成长和学习。

在公司内部，李先生鼓励员工们互相学习、分享经验。他设立"知识分享会"，让员工们有机会站在讲台上分享自己的知识和见解。同时，他也鼓励员工们参加各种培训和学习活动，不断提升自己的能力和素质。

有一次，公司遇到了一个技术难题，所有工程师都束手无策。然而，就在这个时候，一位平时默默无闻的实习生小王却提出了一个创新性的解决方案。原来，小王在业余时间一直在自学最新的技术知识，并将其应用到实际工作中。最终，小王的方案成功解决了企业的技术难题，得到了全公司的赞誉。

无论身处何种岗位，只要我们保持学习的心态和状态，就能发现新的机会和可能。而企业，正是这样一个充满机会和可能的"学校"。

10. 讲师肩负丰富而多面的任务

讲师作为一种职业，在企业培训中发挥着至关重要的作用。他们不仅要传授知识，更要激发学员的求知欲和创新精神。因此，讲师的任务是丰富而多面的，既包含科学化的课程设计，又涉及艺术化的培训过程，以及精湛的"讲师手艺"，如图1-2所示。

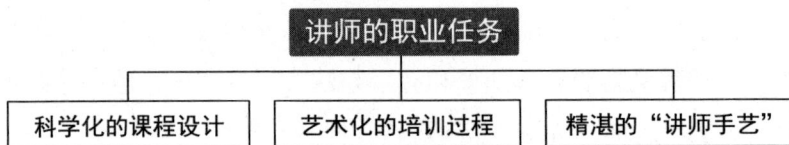

```
              ┌──────────────┐
              │ 讲师的职业任务 │
              └──────────────┘
          ┌───────────┼───────────┐
   ┌────────────┐ ┌────────────┐ ┌──────────────┐
   │科学化的课程设计│ │艺术化的培训过程│ │精湛的"讲师手艺"│
   └────────────┘ └────────────┘ └──────────────┘
```

图 1-2 讲师的职业任务

（1）科学化的课程设计。讲师的首要任务是设计出符合科学规律的标准化课件。这需要讲师深入学习脑科学、认知心理学、神经科学等教学基础规律，确保课程内容能够有效地被学员吸收。这种科学化的课程设计应以学员为中心，以问题为导向，不仅考虑知识的传授，更注重学员的实际需求和学习体验。

（2）艺术化的培训过程。尽管是标准化课件，但讲师在培训过程中的表现却需要灵活多变，充满艺术性。这是因为培训的对象是人，而人是具有情感和艺术感知的生物。讲师需要让死板的课件在培训过程中"活"起来，根据现场学员的反应及时作出调整。这种艺术化的培训过程旨在激发学员的学习兴趣，让他们自愿接受知识，从而达到更好的培训效果。

（3）精湛的"讲师手艺"。除了科学化的课程设计和艺术化的培训过程外，讲师还需要具备一系列精湛的传授技能，这些技能可以统称为"讲师手艺"，如图1-3所示。

①会讲。讲师需要掌握有效的演讲技巧，如清晰的语言表达、生动的案例讲解、适当的幽默感等，以确保学员能够轻松理解并吸收课程内容。

图 1-3 "讲师手艺"

②会问。提问是企业培训过程中的重要环节，讲师需要提出具有启发性和有深度的问题，以促进学员的深度思考，帮助他们更好地理解和掌握知识。

③会听。倾听是建立良好教学关系的关键，讲师需要认真倾听学员的发言和意见反馈，了解他们的学习需求和困惑，以便及时调整教学策略。

④会答。当学员提出问题时，讲师需要给予及时、准确、满意的回答，这不仅需要讲师具备扎实的专业知识，还需要他们具备良好的沟通能力和解决问题的能力。

⑤会评。点评是培训过程中的重要环节之一，讲师需要对学员的表现进行客观、公正、有针对性的评价，指出他们的优点和不足，并给出具体的改进建议，这有助于学员了解自己的学习情况，明确改进方向，从而取得更好的学习效果。

"讲师手艺"需要讲师通过刻意练习和实践来不断提高和完善。讲师只有具备了这些手艺，才能在培训过程中更好地发挥，帮助学员取得理想的学习效果。

11. 精准把握并满足学员的期望

在企业培训中，成功的关键往往在于讲师如何精准地把握并满足学员的期望。这种期望的满足并非简单地给予，而是需要讲师通过深入了解学员需求，灵活调整培训策略，确保学员在培训过程中得到实质性的收获。

（1）讲师需要明确培训的目的和学员的期望。这意味着讲师在培训开始前，就需要通过调研、交流等方式，了解学员的现有水平、学习目标和期望成果。这样，讲师就能根据学员的期望来制订培训计划，确保培训内容与实际需求相匹配。

（2）讲师要灵活调整教学策略以满足不同学员的期望。由于学员的背景、经验和学习能力各不相同，讲师需要采用多样化的教学方法和手段，确保每个学员都能在培训中受益。例如，可以通过小组讨论、案例分析、角色扮演等方式，激发学员的学习兴趣，提高学员的参与度。

（3）讲师要关注学员的学习情况和感受，及时调整培训内容和方式。在培训过程中，讲师应该积极与学员互动，了解学员的学习情况和感受。对于学员提出的意见和建议，讲师要认真倾听，并根据实际情况进行改进。这样不仅可以提高学员的满意度，还可以使企业培训更加贴近学员的实际需求。

【解读】 某知名企业为了提高员工的职业技能和综合素质，决定举办一次为期一周的培训活动。由于学员数量众多，且水平参差不齐，讲师在培训前进行了充分的调研和准备工作。

在调研中，讲师发现大部分学员都期望通过培训学习到新的知识和技能，但同时也担心培训内容与自身工作脱节。针对这一问题，讲师在培训中采取了分组教学的方式，将学员按照工作领域和水平划分为不同的小组，并为每个小组量身定制了培训内容和方式。

在培训过程中，讲师注重与学员的互动和交流，通过案例分析、小组讨论等方式，引导学员积极参与讨论和思考，提高了学员的学习兴趣和参与度。同时，讲师还根据学员提出的意见和建议，及时进行调整和改进。

经过一周的培训，学员们普遍表示收获颇丰，不仅学到了新的知识和技能，还对自己的工作有了更深入的理解和认识。同时，讲师也通过这次培训活动，进一步了解了学员的需求和期望，为今后的培训工作提供了有益的借鉴。

讲师在培训过程中需要管理和满足学员的期望。通过深入了解学员需求、灵活调整教学策略，以及关注学员信息反馈等方式，讲师可以确保培训活动取得实效，提高学员的满意度。

12. 闭环思维尤为重要

讲师在追求个人成长与能力提升的过程中，常常发现尽管投入了大量的时间和精力去学习各种课程，但某些人的能力似乎并未有显著的提升。这种现象背后的原因在于，学习过程中未能形成有效的闭环。在企业环境中，这种闭环思维尤为重要，因为它关乎知识能否转化为实际能力，进而为企业创造价值。

对于讲师而言，要想使培训效果最大化，就必须在课堂上精心构建三个关键闭环：课件进化与学以致用、用以致学与持续改进、学员反馈与知识更新。

（1）课件进化与学以致用。讲师需要不断进化课件内容，以确保它紧跟时代的步伐和学员的需求。在课件更新过程中，讲师要深入分析学员的实践应用情况，理解他们在实际工作中遇到的问题和挑战。这样，课件内容就能更加贴近实际，帮助学员将理论知识与实际应用相结合。

> **【解读】** 一家互联网公司在推出新产品时，邀请行业内知名的讲师对新产品开展业务培训。讲师在培训前深入了解了新产品的特点和目标用户，并据此更新了课件内容。在培训过程中，讲师不仅讲解了新产品的功能和使用方法，还结合学员在实际工作中遇到的问题进行了深入探讨。通过这次培训，学员们对新产品有了更深入的理解，并能更好地将其应用于工作中。

（2）用以致学与持续改进。讲师要关注学员的实践应用情况，通过学员的反馈来检验自己的教学效果。在这个过程中，讲师要勇于接受学员的意见和建议，并据此调整自己的教学方法和内容。这种持续改进的精神，不仅有助于提升讲师的教学能力，还能使培训更加符合学员的实际需求。

> **【解读】** 一位讲师在为企业员工提供销售技巧培训时，发现学员们在实践中遇到了很多困难。于是，他主动与学员们沟通，了解他们在销售过程中遇到的问题和困惑。根据学员的反馈，培训师调整了教学内容和方法，增加了更多实际案例和模拟演练环节。经过改进后的教案，学员们纷纷表示收获颇丰，销售业绩也有了显著提升。

（3）学员反馈与知识更新。学员的反馈是闭环中不可或缺的一环。通过收集学员的反馈，讲师可以了解自己在教学中的不足之处，进而有针对性地进行改进。同时，学员的反馈也能帮助讲师了解行业的最新动态和发展趋势，以便及时更新课件内容和教学方法。

> 【解读】 一家培训机构为提高员工的专业能力，定期邀请行业专家进行授课。在每次培训结束后，培训机构都会收集学员的反馈意见。通过分析学员的反馈信息，培训机构发现某位专家在讲解某个知识点时存在不足。于是，培训机构与行业专家进行了沟通并提出了改进建议。在下次培训中，行业专家根据建议进行了调整并优化了教学内容。这次改进不仅提高了学员的满意度还增强了培训机构的行业声誉。

13. 情绪管理是讲师的修养与责任

想象一下，课堂是一个舞台，讲师是舞台上的主角，而学员们则是舞台下的观众。在这个舞台上，主角情绪稳定是演出的基础，一旦主角情绪失控，整场演出可能崩溃。因此，对于讲师来说，情绪管理不仅是个人的修养，更是对学员们的一种责任。

> 【解读】 李××是一位经验丰富的讲师，他在课堂上总是以情绪稳定、态度温和而著称。有一次，在他的课堂上，一位学员因为个人原因突然情绪失控，大声哭闹起来。面对这种突如其来的情况，许多讲师可能会感到尴尬或者慌乱，但李讲师的情绪却未受其影响。
>
> 首先，李讲师用温柔的话语安抚了那位学员，让她感受到理解和支持。随后，他巧妙地转移了话题，将课堂焦点从这位学员身上移开，回到了课程内容上。在李讲师的引导下，课堂逐渐恢复了平静，其他学员也没有因为这次插曲而受到太大的影响。
>
> 课后，李讲师还私下与那位情绪失控的学员进行了沟通，了解她的困扰并给予帮助。他的这种处理方式不仅展现了出色的情绪管理能力，还赢得了学员们的尊重和信任。

情绪稳定对于讲师来说十分重要。在课堂上，讲师需要时刻保持清醒和理智，以应对各种可能的挑战和困难。只有这样，他们才能成为学员们心中的榜样和引路人。

14. 有效的交流与沟通有利于知识转化

在企业培训中，理论知识与实操技能是基础，但仅仅停留在这一步是远远不够的。真正的培训应当引导学员们深入理解这些知识的本质，并将知识转化为自己的能力和智慧。这需要讲师具备高超的引导技巧和丰富的行业经验。

（1）讲师应当注重培养学员的对话能力。这里的对话不仅仅是指学员与讲师之间的问答，更重要的是学员之间的交流，以及与自我内心的沟通。这种对话能力的培养可以通过组织小组讨论、角色扮演、案例分析等多种方式实现。在这些活动中，学员们可以分享自己的见解、倾听他人的观点、提出疑问并寻求解答。通过这一过程，学员们可以拓宽视野、激发灵感，并逐渐形成自己的思考方式和解决问题的能力。

（2）讲师应当鼓励学员进行自我反思和内化。在学习的过程中，学员们需要不断地回顾自己的学习经历、思考自己的不足和进步，并尝试将这些思考结果应用于实际工作中。这种自我反思和内化的过程可以帮助学员们更好地理解所学知识，并将其转化为自己的能力和智慧。讲师可以通过布置作业、组织复盘会等方式来促进学员们的自我反思和内化。

【解读】 某公司组织了一次销售技巧培训，讲师小李不仅为学员们提供了丰富的销售理论知识和实操技巧，还设计了多个互动环节。在其中一个小组讨论环节中，小李将学员们分成若干小组，每个小组需要针对一个具体的销售案例进行分析和讨论。在讨论过程中，学员们纷纷表达了自己的看法和建议，并与其他成员进行了深入的交流和探讨。通过这一互动过程，学员们不仅掌握了销售技巧和方法，还学会了如何与他人进行有效的沟通和合作。

此外，小李还鼓励学员们进行自我反思和内化。他要求学员们在培训结束后写下自己的学习心得和体会，并思考如何将所学知识应用于实际工作中。

通过这次培训，学员们不仅掌握了销售技巧和方法，更重要的是，他们学会了如何与他人进行有效的沟通和合作，以及如何将所学知识转化为自己的能力和智慧。这种能力的提升将伴随他们一生，并帮助他们在职场和生活中取得更大的成功。

15. 讲师的情怀

在讲师的职业生涯中，存在一种深层次的连接，这种连接不仅塑造了讲师自身，也深深地影响着他们的学员。这种连接源于三个核心要素：坚定的使命感、独特的教学方法和持久的耐力，如图1-4所示。这些要素不仅帮助他们成就了自我，也让他们成为学员成长道路上的引路人。

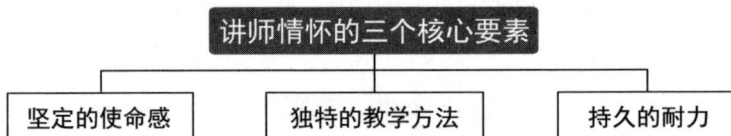

```
           讲师情怀的三个核心要素
    ┌──────────────┼──────────────┐
坚定的使命感      独特的教学方法      持久的耐力
```

图1-4 讲师情怀的三个核心要素

（1）坚定的使命感。对于讲师而言，他们的使命不仅仅是传授知识，更是激发学员的潜能，引导他们走向成功。这种使命感让他们的工作变得有意义，也让学员在成长的过程中感受到温暖和力量。

【解读】 李讲师致力于帮助那些渴望成长的学员实现自己的梦想。他选择用自己的经历激励学员，让他们明白只要付出努力，就会更接近自己的目标。

（2）独特的教学方法。优秀的讲师总是能够找到与学员建立深度连接的方式，让学员在轻松愉快的氛围中学习与成长。他们善于运用各种教学技巧，如案例分析、角色扮演、小组讨论等，让学员在参与中体验知识的魅力。

【解读】 王讲师擅长将复杂的概念以简单易懂的方式呈现给学员，通过生动的案例和实用的技巧，让学员轻松掌握所学知识。她的教学方法深受学员喜爱，也让她的培训课程备受欢迎。

（3）持久的耐力。讲师的工作并不容易，他们需要花费大量的时间和精力准备课程、与学员互动、处理各种突发情况。然而，正是这份持久的耐力让他们能够在困难面前坚持不懈，取得最终的成功。

【解读】 赵讲师从不抱怨工作的艰辛，总是以饱满的热情和专业的态度投入到教学中。他的这种坚持和努力赢得了学员的尊重和信任，也让他在培训领域取得了卓越的成就。

16. 讲师的水平

在讲师的水平划分中，我们可以观察到四种截然不同的层次，它们恰如老子所言："太上，不知有之；其次，亲而誉之；其次，畏之；其下，侮之。"这些层次揭示了讲师与学员之间互动的深度和性质，如图1-5所示。

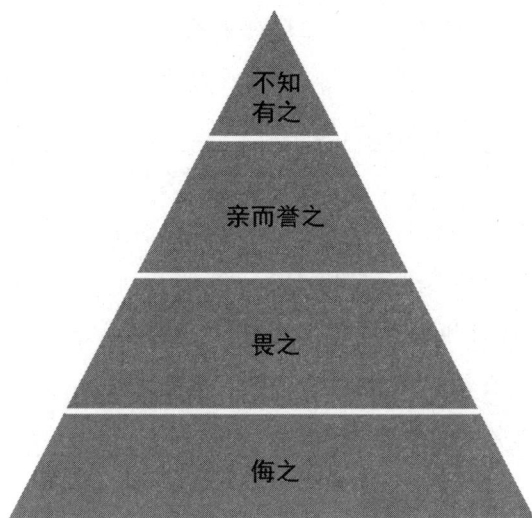

图 1-5 讲师的水平

（1）不知有之。是指那些能够在无形中传授知识的讲师。他们不是显性的权威，而是引导学员在自由探索中自我发现。这种水平的讲师，能让学员忘记讲师的存在，只专注于知识的获取。

> 【解读】 一位艺术导师，他并不直接指导学员绘画，而是提供一个艺术氛围深厚的环境，让学员自由探索、感受艺术的魅力。学员们在这种环境中自然而然地掌握了绘画技巧，而导师的存在仿佛成为了一种无形的支持。

（2）亲而誉之。是指那些能够以他们的专业知识、教学技巧和人格魅力赢得了学员的尊重和喜爱。学员们因为对讲师的认可和喜爱而更加积极地参与学习。

> 【解读】 一位讲师以其生动的科学实验和深入浅出的讲解，赢得了学员们的喜爱。学员们不仅在课堂上积极互动，还在课后自发组织学习小组，共同探讨科学问题。讲师的认可和学员的热爱形成了一种良性的循环。

（3）畏之。在这个层次中，讲师可能因为严格的教学要求或对学员的严厉批评而让学员产生畏惧感。学员们虽然会因为害怕惩罚而认真学习，但这种学习方式往往缺乏主动性和创造性。

> 【解读】 一位严格的讲师，在培训中虽然能够达到较高的教学水平，但学员们往往因为害怕犯错而不敢尝试新的动作或技巧。这种教学方式在一定程度上限制了学员的潜能发展。

（4）侮之。在这个层次中的讲师往往因为自身能力不足或教学方法不当而得不到学员的尊重和认可。学员们可能对讲师产生轻蔑和不满，这样的讲师往往难以成为学员进步的助力。

> 【解读】 一位讲师由于教学方法陈旧、内容枯燥，导致学员们对他的课程失去兴趣。学员们在课堂上常常心不在焉，甚至有人公然表示对讲师的不满。这样的教学环境显然不利于学员的学习。

17. 追求卓越需内外兼修

在追求卓越的道路上，作为知识传播者的讲师，都应当秉持内外兼修的理念。这不仅仅是一种要求，更是一种对自我持续完善的追求。

以科技初创公司为例，在市场扩张的同时也要注重员工体验，提供灵活工作时间、职业发展机会及良好团队文化，增强员工归属感与忠诚度，促进员工为公司发展贡献力量。在外部市场上，精准市场定位和创新产品设计吸引大量客户，实现业务快速增长。

同样地，讲师作为知识传播者，也要内外兼修。他们既要提升专业知识和技能，也要注重道德修养和行为举止。受欢迎的讲师不仅有深厚知识，还能生动有趣地进行传授，让学员在愉悦氛围中学习。同时，他们展现良好形象和积极态度，成为学员榜样和引路人。

内外兼修是讲师成长的自我完善和追求。无论是企业还是讲师，都要在注重内部素质提升的同时，关注外部形象的塑造和市场的拓展。只有这样，才能在激烈的竞争中脱颖而出，实现自我价值的最大化。

18. 讲师在课堂上要把握好"度"

在现今这个信息爆炸的时代，培训课堂无疑是学员获取新知识、提升技能的重要途径之一。在培训过程中，讲师不仅要传授知识，还要掌控好课堂的氛围和节奏，使学员能够充分获取知识。因此，讲师在课堂上要恰到好处地把握"度"，否则可能会适得其反，出现如图 1-6 所示的不良教学效果。

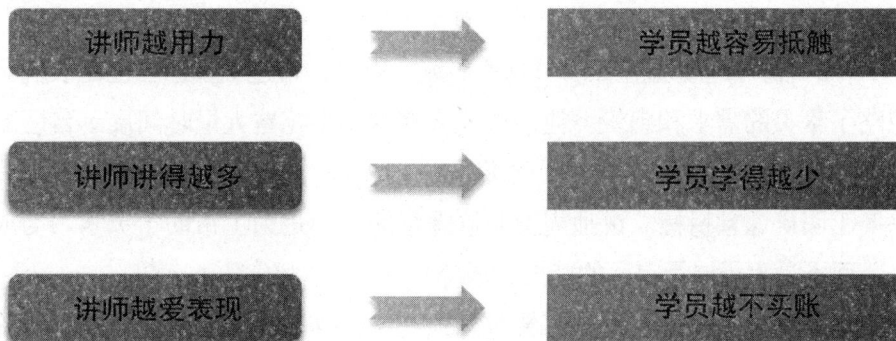

讲师越用力	→	学员越容易抵触
讲师讲得越多	→	学员学得越少
讲师越爱表现	→	学员越不买账

图 1-6 不良教学效果

（1）讲师越用力，学员越容易抵触。许多讲师在授课时容易"用力过猛"，他们误以为只要全情投入、声音洪亮就能吸引学员，但结果往往适得其反。学员可能会因为讲师的过度用力而感到压抑，甚至产生抵触情绪，此时，讲师可以采取以下措施。

①调整教学方式和节奏。讲师需要时刻保持对课堂氛围的观察，根据学员的反馈调整自己的教学方式和节奏。

②适度用力、保持平和。课堂上讲师应该适度用力，保持语速适中、语调平和，让学员感到舒适和放松。

③引导学员参与互动。通过提问、讨论等方式引导学员积极参与课堂互动，让学员成为课堂的主体。

（2）讲师讲得越多，学员学得越少。授课的效果并不完全取决于讲师讲解的多少，更重要的是学员能否真正吸收和转化所学内容。如果讲师讲得过多，学员可能没有足够的时间理解和消化。此时，讲师可以采取以下措施。

①精炼内容。讲师需要精炼课堂内容，避免冗余和重复，确保每一部分都是必要和有价值的。

②留出时间。在课堂上留出足够的时间供学员提问、讨论和思考，帮助他们更好地吸收和转化所学内容。

③简化表达。尽量用简单明了的语言和例子来解释复杂的概念和原理，帮助学员更好地理解和记忆。

（3）讲师越爱表现，学员越不买账。有些讲师过于关注自己的表现，忽略了学员的需求和感受。他们可能会在课堂上花费大量时间展示自己的能力和成就，这容易让学员感到不满和失望。此时，讲师可以采取以下措施。

①明确课堂目标。讲师需要明确课堂的目标是为了帮助学员学习与成长，而不是为了展示自己的能力和成就。

②关注学员需求。讲师需要时刻关注学员的需求和感受，根据学员的反馈调整自己的教学方式和内容。

③鼓励学员参与。通过提问、讨论等方式鼓励学员积极参与课堂互动，让他们成为课堂的主体和参与者。同时，讲师应该给予学员足够的表达机会和空间，让他们能够充分展示自己的想法和才能。

总之，讲师在培训课堂上应精准地把握好"度"，既要保持适度的热情和投入，又要关注学员的需求和感受，确保学员能够真正受益和成长。

19. "我唯一知道的就是我一无所知"

苏格拉底的名言"我唯一知道的就是我一无所知"，深刻揭示了谦逊求知和无限探知的本质。讲师正是秉承这一态度，敢于承认自己的"无知"，从而保持对知识持续不断地发现、学习和积累，相关举措如图1-7所示。

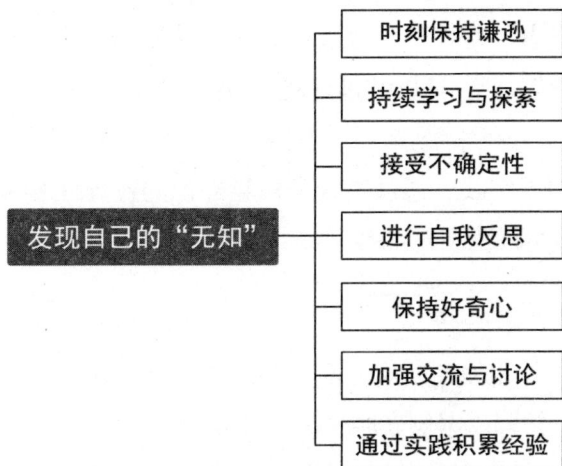

图1-7　发现自己"无知"的举措

（1）时刻保持谦逊。讲师应该始终保持一种谦逊的姿态，知道自己的知识和能力边界，并愿意承认自己的不足。这种谦逊不仅有助于避免过度自信，还能让讲师更加开放地接纳新的知识和观点。

（2）持续学习与探索。讲师应该始终保持对知识的渴望和追求，通过阅读、研究、实践等方式不断更新和扩展自己的知识体系。这不仅能够提高讲师的专业素养，还能让讲师在课堂上更加自信地传授知识。

（3）接受不确定性。讲师应认识到世界的复杂性和不确定性，意识到自己的知识只是"冰山一角"。这种认识有助于讲师保持一种开放和包容的心态，愿意接纳不同的观点和见解。

（4）进行自我反思。讲师需要定期对自己的教学进行反思和总结，评估自己的教学效果和学员的学习情况。通过反思，讲师可以发现自己的不足之处，并不断改进自己的教学方法和策略。

（5）保持好奇心。好奇心是推动讲师不断探索知识的重要动力。讲师应该对未知的事物保持一种好奇心和探究欲，愿意花时间去了解和研究新的知识和观点，以便更好地适应时代的发展和变化。

（6）加强交流与讨论。讲师应该积极参与各种学术交流和讨论活动，与其他讲师、学者、行业专家等进行深入地交流和讨论。这不仅可以拓宽讲师的视野和思路，还可以让讲师接触到更多的新奇观点和见解。

（7）通过实践积累经验。知识需要实践的检验和磨砺。讲师应该积极地将所学知识用于实践，通过实践来检验知识的合理性和可行性。同时，实践中的经验也可以为讲师的教学提供有力的支持和借鉴。

20. 讲师的成长之路

讲师的成长并非线性发展，而是充满了挑战与转变。以下是对讲师成长阶段的解读，并辅以案例来展示这一过程。

（1）起步：内容引航。讲师的职业生涯始于对课程内容的深刻理解和热忱。在这一阶段，讲师通过精心准备课件，确保知识的准确传递。然而，也会逐渐意识到，仅仅依赖课件是远远不够的。

【解读】 讲师小李刚开始授课时，总是紧盯着课件，生怕遗漏任何一个细节。然而，随着经验的积累，她发现学员们更感兴趣的是她对知识的独特见解和生动讲解。于是，她开始注重与学员的互动，课堂氛围也变得更加生动有趣。

（2）蜕变：结构与形式并重。在初步站稳讲台后，讲师可以追求更高的层次——在课程内容和形式上都做到尽善尽美，并注重课程的逻辑结构和教学方式的创新。

> **【解读】** 随着教学经验的丰富，讲师小李不再满足于简单的知识传授。她开始设计更具逻辑性的课程结构，并尝试使用案例分析、角色扮演等多元化的教学方式。这些改变使她的课堂更具吸引力，学员们的学习热情也极大提高。

（3）突破：以学员为中心。当讲师熟练掌握了各种教学技巧后，会开始意识到，真正的教学是以学员为中心。因此，需要关注学员的需求和反馈，不断调整教学策略。

> **【解读】** 在一次课程结束后，讲师小李收到了学员们的反馈，表示对某个话题特别感兴趣。于是，她决定在下一堂课中增加对这个话题的深入探讨，并邀请相关领域的专家进行分享。这一改变不仅满足了学员的需求，还使课程更加丰富和深入。

（4）升华：聚焦问题解决。随着对教学内容的深入理解，讲师开始注重提升知识迁移和问题解决的能力。不再满足于简单的知识传授，而是让学员能够运用所学知识解决实际问题。

> **【解读】** 在一次企业内训中，讲师小李发现学员们在面对实际工作中的具体问题时感到困惑。于是，她决定改变教学策略，将课堂转化为实战模拟场。她设计了一系列与学员工作密切相关的案例，引导学员们进行分析和讨论。通过这种方式，学员们不仅掌握了知识，还学会了如何在实际工作中运用这些知识。

（5）融合：课堂成为师生智慧交融与成长的平台。当讲师水平达到一定的层次后，会发现课堂不仅是传授知识的地方，更是师生共同成长的平台。在这个阶段，讲师会引导学员们互相学习、互相启发，共同解决问题。

> **【解读】** 在高级研修班上，讲师小李鼓励学员们进行小组讨论和分享。她引导学员们从不同角度思考问题，并鼓励他们提出自己的见解和解决方

案。通过这种方式，学员们不仅学到了知识，还培养了批判性思维和团队协作能力。同时，讲师小李也从中汲取了学员们的智慧和经验，真正实现了教学相长。

21. 保持正确的状态

在课堂上，讲师与学员的和谐互动是教学的核心。这种互动方式可以归纳为四个字：爱、信、觉、啰，如图1-8所示。下面以张讲师课堂互动教学案例为引，展示爱、信、觉、啰在实际教学中的应用。

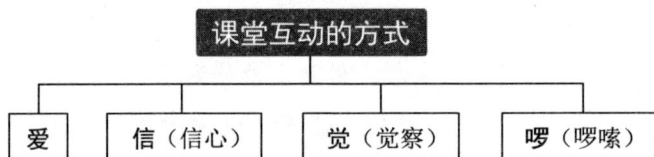

```
        课堂互动的方式
    ┌──────┬──────┬──────┐
   爱   信（信心） 觉（觉察） 啰（啰嗦）
```

图1-8　课堂互动的方式

（1）爱，爱是教育的起点，也是讲师与学员建立情感连接的桥梁。

【解读】 张讲师课前与学员进行了简短交流，关心他们的近况，分享趣事。这种关爱让学员感到被重视和尊重，更投入学习。课堂上，通过眼神和语言鼓励支持学员。这种爱心让学员感到温暖，激发了其学习动力。

（2）信，信心是教育的基石，也是讲师传递知识的关键。

【解读】 张讲师自信讲解知识点，语言清晰准确，使学员能轻松理解。她鼓励学员相信自己的潜力，坚信只要有自信，就能成功。这种信任让学员勇敢地面对各种挑战。

（3）觉，指觉察能力，是讲师在教学中的必备技能。它要求讲师能够敏锐地察觉学员的学习状态，并作出及时的调整。

【解读】 在数学课上，张讲师发现学员对某知识点困惑，便暂停讲解，与学员互动讨论。通过引导思考和交流，张讲师帮助学员解决困惑，加深理解。这种觉察能力让张讲师的教学更加灵活高效。

（4）啰，指啰嗦。在这里并不是贬义词，而是指讲师与学员之间的积极互动和交流。

> **【解读】** 张讲师常鼓励学员提问和发表意见，倾听并积极回应。这种互动增强了学员的参与感和自信心，使课堂氛围更活跃。相互交流可以让学员深入理解知识点，并提高思维和表达能力。

22. 遵循"用进废退"原则

当我们审视知识的实用性时，往往会陷入一个误区，即认为某些知识似乎没有直接应用价值。然而，这种看法往往忽略了知识的运用，即我们如何运用这些知识才是关键。实际上，不是知识本身无用，而是我们可能没有正确运用它。

就像生物学中的"用进废退"原理一样，知识也需要我们不断地去使用和实践，才能保持其活力和价值。想象一下，一个讲师如果只满足于掌握知识，而不去尝试将其应用于实际教学中，那么这些知识就如同被束之高阁的宝藏，失去了应有的光彩。

> **【解读】** 有一位很有口碑的项目管理讲师，她不仅精通项目管理知识，还非常注重将知识应用于实际。在课堂上，她经常通过生动的实验和案例分析，让学生们亲身体验到项目管理的奥秘和实用价值。她鼓励学生们提出问题、思考问题，并引导他们运用所学知识去解决实际问题。在她的引导下，学生们不仅掌握了项目管理知识，还学会了如何将这些知识应用于生活和学习中。

知识的价值在于我们如何运用它。当我们积极地去使用知识、实践知识时，不仅能够提升自己的能力和素质，还能够为社会作出贡献。因此，我们应该摒弃"知识无用"的偏见，不断地学习和探索，让知识在我们的手中焕发出应有的光彩。

同时，这也提醒了我们身为学习者的重要使命。讲师不仅要吸纳知识，更要知道如何运用知识。通过不断地实践和探索，可以让知识成为我们前进道路上的有力武器，帮助我们克服各种困难和挑战。

23. 基于哲学的三个核心理念构建教学框架

对于讲师而言，确保教学效果经得起市场和时间的考验是至关重要的。与企业相似，客户的满意度是衡量教学成功与否的重要标准。因此，讲师在传授知识的过程中，不仅要关注客户需求，还要从多个角度收集反馈，持续优化教学内容和方法。

在教学过程中，讲师可以借鉴哲学领域的本体论、认识论和方法论三个核心理念，来构建更加深入和全面的教学框架。这三个理念分别探讨了世界的本质、真理的认识途径，以及认识真理的方法，它们之间存在着紧密的逻辑联系。

（1）本体论。这是关于社会本质和真理是否存在的根本问题。讲师在教学中需要引导学生思考商业社会的本质，理解商业运行的规律，以及探讨商业本质和真理的存在性。这有助于学员建立坚实的商业理论基础，为后续的学习和实践奠定基础。

（2）认识论。在确定了商业本质和真理的存在后，讲师需要引导学生思考如何认识这些真理。这包括探索认识真理的途径和方法，以及如何克服认识过程中的困难和障碍。通过认识论的学习，学员将学会如何收集、分析和解读商业信息，提高商业决策的准确性和有效性。

（3）方法论。在解决了认识问题后，讲师需要讲授如何运用有效的方法去认识商业真理。这包括各种商业分析方法、工具和技术，以及如何将它们应用于实际商业环境中。方法论的学习将帮助学员掌握实践技能，提高解决实际问题的能力。

在教学过程中，讲师可以灵活运用这三个理念之间的衔接关系。例如，在介绍某个商业概念时，可以首先从本体论角度阐述其本质和重要性；然后引导学员从认识论角度探讨如何认识和理解这些概念；最后介绍具体的方法论技巧，帮助学员将理论知识转化为实践能力。这种教学方式不仅有助于学员全面深入地理解商业知识，还能提高他们的学习兴趣和参与度。

24. 知识需要转化和迁移

在知识的海洋中，我们常常被一种观念所困：学习就是简单的输入，仿佛只要我们把知识记在笔记本上，它就能自动转化为我们的智慧。然而，学习的艺术远不止于此。它更像是一场精心编排的舞蹈，需要我们在吸收知识的同时，进行巧妙的转化和灵活的迁移。

（1）转化的魅力。想象一下，你正在参加一个关于项目管理的培训课程。讲师详细地讲解了项目计划、资源分配和风险管理等关键概念。但学习并不仅仅止步于此。真正的挑战在于如何将这些理论知识转化为实际的操作能力。你需要在实践中不断尝试，通过真实的项目来检验你的学习成果。这样的转化过程，不仅能让你的知识更加牢固，还能让你在实际工作中更加得心应手。

（2）迁移的奇迹。假设你是一位市场营销专家，在一次培训中学习了如何使用数据分析工具来优化营销策略。虽然这个工具最初是为了某个特定的市场场景而设计的，但你的智慧并不应被局限在这个场景内。你可以将所学的技能迁移到其他市场环境中，甚至将其应用于不同的行业。这种迁移能力，正是学习的高级阶段，它让你的知识变得更加灵活和通用。

25. 复杂和简单的转化

在培训的过程中，讲师的作用至关重要。讲师不仅是传递者，更是引导者。一位优秀的讲师，懂得如何将复杂的知识简化处理，使之变得易于理解和接受。这种化繁为简的艺术，如图1-9所示，正是他们教学魅力的体现。

把书读厚　把书读薄

图1-9　化繁为简的艺术

（1）讲师要经历一个"把书读厚"的过程。讲师需广泛涉猎各种书籍和素材，深入研究某一领域的知识，不断丰富自己的知识库。这个过程是艰辛而漫长的，但它为讲师打下了坚实的基础，使其能够全面而深入地理解所教授的内容。

（2）讲师还要经历"把书读薄"的过程。一位优秀的讲师能够洞察知识的本质和核心，将复杂的内容提炼出来，用简单明了的语言表达出来，这就是"把书读薄"的过程。在这个过程中，讲师需要做出艰难的取舍，选择那些真正对学员有益，以及能够引发他们思考的内容。

> 【解读】 有一位讲师正在教授一门人工智能的课程。这门课程的内容非常复杂，涉及许多专业概念和复杂算法。然而，这位讲师并没有直接将这些内容灌输给学员，而是采用了一种化繁为简的教学方法。他首先用通俗易懂的语言解释了人工智能的基本概念和工作原理，然后引导学员思考一些实际应用场景。通过这些应用场景，学员们逐渐理解了人工智能的核心思想和重要性。最后，讲师再介绍一些复杂的算法和技术细节，但此时学员们已经具备了一定的基础，能够更好地理解和掌握这些内容。

讲师应该具备化繁为简的教学能力。即使不直接灌输复杂的专业知识，也能通过引导学员思考和实践，让他们自己发现问题、解决问题。这种教学方法不仅提高了学员的学习兴趣和积极性，还让他们更加深入地理解了所学知识。

26. 孔子的启示与现代传承

孔子，被誉为"万世师表"，其师者之义历来为人所敬仰。然而，在现代社会，当我们重新审视这位古代智者的教育理念时，不禁会思考：一个老师是否应该被学生超越？这个问题似乎有些刁钻，但确实值得我们深入探讨。

> 【解读】 有一个小伙子，对孔子怀有深深的敬意，但他也提出了一个颇有争议的观点。他向自己的老师询问："您对孔子怀有崇高的敬意，但您是否认为孔子也有一个破绽？毕竟，他教书一辈子，却没有一个学生能

在学识上超越他。"这个问题确实让人深思。在传统观念中，学生超越老师被视为老师教育成功的标志，但孔子的情况似乎与此相悖。

面对学生的疑问，老师并没有直接给出答案，而是反问："你认为一个轻易被学生超越的老师是好老师吗？"这个问题让学生陷入了沉思。事实上，这里涉及的是教育的本质和师者的水平。

孔子之所以一辈子没有被自己的学生超越，并不是因为他的学识渊博，而是因为他始终保持着一种不耻下问的态度。他不断地学习、探索、创新，将自己的知识和经验传授给学生的同时，也从学生身上汲取新的思想和启示。这种持续学习的精神使得孔子在教育学生的同时也在自我提升，给学生带来更多有价值的内容。

因此，我们可以说孔子是一个真正的好老师。他不仅仅在学识上超越了自己的学生，更重要的是在精神上为学生树立了榜样。他用自己的行动告诉我们：一个优秀的讲师应该具备持续学习的精神，不断提升自己的能力和水平，以便更好地引导学员成长和发展。同时，学员也应该尊重讲师、珍惜学习的机会，不断挑战自我、超越自我，实现自己的人生价值。

27. 学习成长的七种状态

在培训的过程中，讲师见证了学员们从稚嫩到成熟的蜕变。这些变化不仅体现在学术成就上，更在于学员们内心的成长与觉醒。

（1）本能驱动——自我中心的探索者。

【解读】 小李刚开始学习编程时，完全按照书本和老师的要求行事，不思考为什么要这样做。他沉浸在自我世界中，对编程的深层逻辑和原理毫无觉察。

（2）觉醒之光——自我反思的萌芽。

【解读】 随着学习的深入，小李开始反思自己的编程方法。在一个项目中，他发现自己的代码效率低下，于是开始思考如何优化。这是小李进入成长阶段的标志，他开始有意识地寻找自己的不足。

（3）情绪掌控——理性的航行者。

（4）知行合一——行动力的实践者。

> **【解读】** 小李在掌握了新的编程技巧后，立即将其应用到实际项目中。他通过实践来检验自己的项目，不断调整和优化自己的编程方法。这种知行合一的学习态度让小李在技术上取得了很大的进步。

（5）匠心独运——忘我的追求者。

> **【解读】** 为了开发一款优秀的软件产品，小李连续几个月沉浸在代码编写中。他忘记了时间和外界的干扰，专注于产品的每一个细节。小李的产品也在市场上获得了很高的评价。

（6）利他之心——成就他人的智者。

> **【解读】** 小李不仅自己技术高超，还乐于帮助他人。他经常在社区中分享自己的编程经验和技巧，帮助其他初学者解决问题。在帮助他人的过程中，小李也获得了更多的成长和进步。

（7）彻悟阶段——自我使命的追寻者。

> **【解读】** 经过多年的学习和实践，小李逐渐找到了自己的使命——用技术改变世界。他开始致力于开发具有社会价值的软件产品，帮助更多的人解决问题。这种对自我使命的明确让小李在技术的道路上更加坚定和自信。

通过这七种状态的蜕变，小李从一个对编程毫无了解的初学者成长为一位具有深厚技术功底和广阔视野的软件工程师。他的成长经历告诉我们：学习不仅是为了获取知识，更是为了成为更好的自己。

28. 学习的本质

在培训过程中，讲师常常强调一个观念：学习的本质往往始于承认自己的无知，但这并不意味着我们要否定过去的自己，而是期望我们应该勇于否定之前的能力边界，不断追求更高的知识和技能。认同自己可以带来自信，但过度的自我肯定往往会使人陷入故步自封的境地。因此，讲师鼓励学员们要勇于自我否定，因为否定的理念一旦产生，就会激发我们内心对知识的渴望和对成长的追求。

【解读】 小李和小张作为同一家企业的员工，同时参加了企业为提高员工工作效率而组织的培训活动。然而，由于这两位员工对待培训的态度截然不同，最终导致了他们职业生涯的发展迥异。

小李深知这次培训是一个难得的机会，他抱着谦逊和渴望的心态参与其中。即使讲师讲述的内容他已经掌握，他依然保持高度的专注，并不断地进行自我否定，寻找自身在技能、知识或思维上的不足。他利用培训所学的知识去完善自己，不断拓宽自己的能力边界。

相比之下，小张在参与了几节培训课程后，便认为讲师讲述的内容他都已经了解，因此对培训失去了兴趣。他满足于现状，认为自己的现有能力已经足够应对当前的工作。于是，他对培训的态度变得敷衍，没有真正投入时间和精力去学习。

随着企业工作量的增加和工作难度的提高，两位员工的工作表现开始出现差异。小李凭借在培训中积累的知识和不断自我否定的精神，依然能够游刃有余地应对各种挑战。而小张则逐渐感到力不从心，手忙脚乱。最终，小李因为出色的工作表现获得岗位晋升机会，而小张则继续困于自己的舒适区，无法突破。

学习中的自我否定与成长总是相伴而生的，小李通过不断地自我否定和寻求进步，实现了职业生涯的跨越式发展。而小张则因为过于肯定自己、缺乏自我否定的精神而停滞不前。

因此，讲师在培训中强调自我否定理念至关重要。这有助于学员保持谦逊开放的心态，拓宽视野，挑战能力边界。讲师需要引导学员理解自我否定与自信的关系，认识到真正的自信来自持续学习与成长。这样，学员才能在职业生涯中稳健前行，实现自我超越和进阶。

29. 讲师咨询的价值

在现今的商业环境中，越来越多的优秀讲师不仅致力于培训教学，还为企业提供咨询服务。这些讲师的咨询服务为企业带来了深远的价值，如图1-10所示。

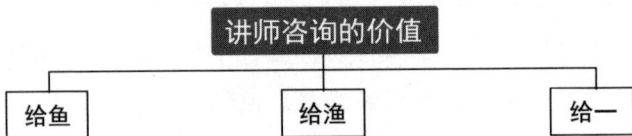

```
        ┌──────────────────────┐
        │   讲师咨询的价值       │
        └──────────────────────┘
        ┌──────────┬──────────┐
    ┌───────┐  ┌───────┐  ┌───────┐
    │ 给鱼  │  │ 给渔  │  │ 给一  │
    └───────┘  └───────┘  └───────┘
```

图1-10　讲师咨询的价值

（1）给鱼——量身定制。当讲师为企业提供咨询服务时，要深入企业进行实地调研和大量员工访谈，全面了解企业运营状况和问题。凭借经验和理论功底，讲师为企业量身定制针对性强且可操作的系统方案，快速有效解决问题。

（2）给渔——赋能员工。提供系统方案是咨询服务的基础，关键在于传授能力和方法，使企业自主运用。讲师通过培训和指导，培养企业内部懂咨询的人才发挥更大作用。这种从"事"到"人"的转变，增强了企业自我造血能力，为未来发展奠定基础。

（3）给一——减少内耗。在企业运营中，员工和部门间常会出现意见分歧，如不及时解决，将阻碍企业发展。讲师作为企业外部的咨询力量，凭其客观的中立立场和专业咨询技能，可助企业统一思想、减少内耗。讲师的加入能打破企业原有的思维定势，带来新的思考方式和解决方案，并凭其权威和影响力推动企业内外部沟通和协作，使企业在思想和行动上更统一。

30. 学员培训的四个阶段

学员在培训的过程中经历四个不同的阶段后，如图1-11所示，他们的学习态度、方法和收获也会发生显著的变化。

第一阶段：听的都是自己。在这个阶段，学员常带着先入为主的观点和认知听课，更关注验证而非吸收新知识。他们持评判的态度，审视、怀疑，甚至否定讲师讲授内容，难以从课程中真正获益。这种学习方式会限制学员的视野和思维，从而导致自我认知局限。

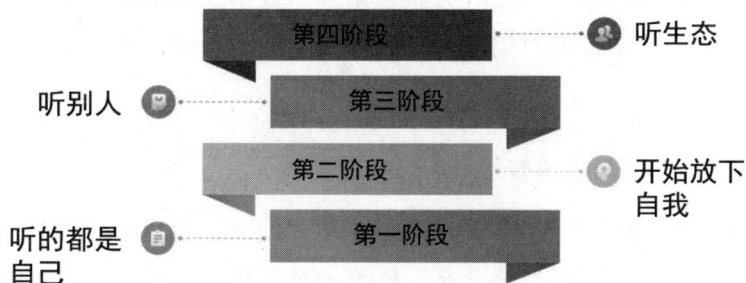

图 1-11　学员培训的四个阶段

第二阶段：开始放下自我。在这个阶段，学员意识到自己的主观与局限，开始放下评判态度，以开放心态听课。关注事实本身，重新审视经验，用新视角理解课程。此态度转变有助于拓宽视野，打破思维定势，为深入学习奠定基础。

第三阶段：听别人。在这个阶段，学员不仅能够认真听讲，还能站在讲师角度思考问题，理解课程内容。他们开始换位思考，从对方角度看问题，有助于掌握知识，培养同理心和沟通能力。这种学习方式有助于形成全面深入的认知体系，为未来学习和工作打下基础。

第四阶段：听生态。在这个阶段，学员持开放、包容和谦逊态度，视周围的一切为学习资源。他们超越课堂与讲师，将社会视为学堂和导师。此转变助力学员积累知识、经验，培养创新与适应能力。他们能从多种人与事中汲取灵感，完善知识体系与人生观念。

第2讲　精进的授课技能有哪些

讲师之所以在企业中扮演着举足轻重的角色，是因为能够帮助企业员工快速、准确地提升和完善自我，从而助力企业的发展更上一层楼。位置越重要，承担的责任就越重，所以讲师不是随随便便就可以胜任的，除去自身有丰富的知识、能力之外，还需要掌握一些精进的授课技能。身为讲师，我们应该知晓授课技能对培训开展的加成，下面介绍一些有效且好用的授课技能与理念。

1. 传授知识与启迪智慧

【解读】 李讲师是企业培训领域的资深讲师，他强调学习教学技能是为了更好地传授知识和引导学生。他曾主要依赖传统讲授方式，但发现其缺乏互动和吸引力，因此尝试引入新技术，如多媒体教学和在线互动工具。他不仅掌握技术基本操作，还思考如何与教学内容结合，使之服务于学生学习需求。

李讲师认为仅掌握新技术不足以成为优秀讲师，更需要将其自然融入课堂。通过实践和调整，李讲师形成了独特的教学风格，深受学生好评，不仅能传授知识还能激发学习兴趣。

有效的授课技能并非炫技，而是如何自然融入课堂。优秀讲师能驾驭技术，但不被其束缚，使技术融入教学风格，如水到渠成，激发学生学习兴趣。

为了实现这一目的需不断积累教学经验，磨炼技艺，并保持谦逊向学的态度。无论技术如何进步，讲师的核心职责始终是传授知识、启迪智慧。

2. 未来教育两大变革

在当今竞争激烈的时代，讲师在教育培训中扮演着关键角色。讲师需要传授知识、教授技能，并引导学员将所学应用于实际工作，以提升绩效。未来教育由外到内的两大变革为讲师提供了新的理念和方法。

（1）由内到外。强调学习应走出教室，与大自然、他人和社会建立紧密联系。讲师可采用户外拓展、邀请专家讲座等方式，促进学员学习并提升社会责任感。

（2）由外到内。关注内在状态的提升。讲师需关注学员心性修养，通过心灵成长工作坊、团队建设等活动，帮助员工认识自我、提升自信。

未来教育的两大变革为讲师提供了更广阔的培训空间。运用这些理念和方法，可帮助学员打破传统学习模式，提升学习效果，并关注其内在状态，塑造强大的内心世界。

3. 挣脱固有模式束缚

在日常操作使用中，我们往往习惯性地执行一系列的行为，而这些行为往往在我们不自知的情况下形成一种固有的模式。对于讲师来说，如果长时间处于这种模式而不自知，实际上是一种极大的损失。在众多的培训案例中，我们不难发现许多讲师在培训过程中，往往受到某种固有模式的束缚，无法灵活地应对各种培训场景。

因此，作为讲师，在培训过程中，我们要时刻保持警觉，观察自己的行为是否受到某种固有模式的束缚，是否存在优化的空间。我们要努力打破这些模式，不断探索新的培训方法和技巧，以适应不断变化的环境和时代。

4. 保持年轻心态

年龄是人类生命的尺度，常被看作衡量外貌、体力、智慧的标准。年龄虽影响生理状态，但不能决定活力与动力。每个人拥有生理和心理两个年龄。

生理年龄记录成长轨迹，从婴儿到老年，身体逐渐成熟后衰老，这是自然过程，无法改变。而心理年龄取决于思想、情感、态度和生活方式等，可自我调整塑造。心理老化导致心态、行为暮气沉沉，加速衰老；保持年轻心态则使精神面貌、生活态度充满活力，延缓身体衰老。

作为讲师，需保持年轻心态，散发光彩，激发学员兴趣，传授有价值的知识与技能。优秀的讲师会保持创造力和教学热情，只有拥有年轻心态，才会吸收新知识，才能创新教学。因此，不应被生理年龄束缚，应调整心理年龄，保持年轻心态，在人生道路上不断前行，创造更多价值和奇迹。

5. 场景化课堂

内容传播形式对知识传递效果有决定性作用。讲师需要结合场景化教学，展现知识生动情境，触动情感、吸引学员注意，引导他们行为改变。

场景化教学的意义在于：

（1）帮助学员直观理解知识，提高记忆和应用能力。

（2）激发情感共鸣，增强学员认同感，激发学习热情。

（3）促进学员行为改变，通过模拟真实场景，提高实践能力。

需要注意的是，要想实现场景化教学，需要讲师具备创造力和实践经验，设计符合学员特点的场景，并灵活运用多种教学手段。

6. 课堂互动

互动在知识应用中起显著促进作用。在培训过程中，讲师传授知识只是起点，但仅此不够。要让知识融入实际工作中，互动至关重要。学员在互动中可将理论转为实践，发现并解决问题，实现知识的真正应用。

> 【解读】 在小学数学课上，老师设计互动游戏以帮助学生理解加减法。先让学生分组，轮流上台从卡片堆中抽取数字卡，计算两数之和或两数之差，并报答案。之后其他组同学判断答案是否正确。
>
> 在游戏过程中，老师鼓励学生积极参与，并给出正确的指导和反馈。学生们踊跃参与，通过游戏锻炼了计算能力，也加深了对加减法知识的理解。
>
> 课后，老师组织小组讨论，学生们分享游戏中遇到的困难及解决方法。学生们积极发言，提出创意点子。通过师生互动，学生们巩固了知识，并学会实践应用。

师生互动在知识应用方面具有重要的作用。事实上，互动对学员和讲师都有很重要的作用，比如：

（1）对于学员而言，互动对个人的成长具有重要意义。在互动中，学员能发现学习不足，如理解不深入、操作不熟练等。与他人交流，可获新思路和灵感，改进学习方法与知识结构。此外，互动还增强学员自信心和团队合作精神，使其面对挑战时更从容坚定。

（2）对于讲师而言，互动同样具有不可替代的作用。讲师与学员互动可及时了解学员掌握的情况，发现学习难点。讲师据此调整教学方法和内容，更贴近学员需求。互动还能激发讲师教学热情和创造力，促进教学效果提升。

7. 将知识讲清楚、讲明白

讲师肩负着帮助学员成长的责任，在占用学员时间的同时就要让他们有相应的收获，所以需要将知识讲得清楚明白，此时讲师需要做好三点，如图 1-12 所示。

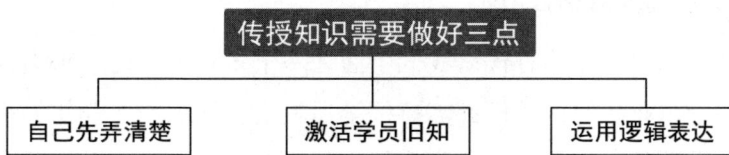

传授知识需要做好三点

自己先弄清楚	激活学员旧知	运用逻辑表达

图 1-12　传授知识需要做好三点

（1）自己先弄清楚。如果讲师自己对要表达的内容都没有充分的理解，怎么能给学员讲清楚，而如果不能给人讲明白，就不能确定自己真的清楚。

（2）激活学员旧知。大部分讲师常忽视沟通对象的背景和目的，仅按自身理解表述问题，为了提升学员对知识接受与应用能力，讲师应该设法激活其旧知，使原有知识成为现有学习的基础。

（3）运用逻辑表达。讲师可先讲结论，再分析原因，最后进行总结。在企业培训活动中，任何内容的传输都需要有逻辑，这样更有利于学员理解与掌握。

8. 无意识学习

人们通常认为学习是刻意而为的过程，通过阅读、听讲或实践获取知识和技能。但身为培训工作者，我们深知真正的学习通常发生在无意识之中，深刻影响我们的思维与行为。

（1）观摩他人的教学过程，听别人讲课或讲故事，都是无意识的学习形式。这些信息虽未刻意记忆，却潜移默化影响我们的思维和视野，甚至改变我们的看法。

（2）反思也是一种重要的无意识学习方式。回顾过去，思考得失，我们可能发现自己的思维方式已在不知不觉中发生变化，源于对事物的深入理解或自我认知的提升。

（3）无意识学习可以丰富我们的知识和技能，塑造我们的思维方式和行为习惯，让我们成为更优秀的人。因此，我们应珍惜无意识学习机会，拓宽视野和思维。

9. 讲师需要海纳百川

在这个知识爆炸的时代，我们生活在一个多元化、信息密集的学习环境中。不论职业如何，我们都需持续学习和更新知识。尤其作为讲师，保持竞争力需具备丰富的知识和宽广的视野。在当下，每个人都可以成为讲师或学生，因此讲师不仅要有扎实的专业知识，还需具备敏锐的洞察力和开放心态，接纳新事物、知识和思想。

（1）重新定义自己。作为讲师，面对的学员如同人生海洋，背景各异，观点多样。我们需要重新定义自己，把课堂视作师生智慧交融与成长的平台。在这个平台上，师生共同学习、倾听尊重、相互启发、教学相长，共探知识奥秘。

（2）用包容的心态接纳学员。我们要接纳各类学员，包括聪明伶俐、积极向上的，以及刺头和落后学员。他们可能在知识或态度上有所不足，但只要我们包容、耐心、智慧地引导他们，定能激发其正向面，让他们在知识海洋中畅游。

10. 学员不明白是讲师的责任

课堂上，讲师与学员间的互动沟通至关重要。通常，讲师会问"你听明白了吗"，但这种提问会给学生带来压力。讲师应改问"我讲清楚了吗"，这种转变虽小，却反映出截然不同的教学理念和对学生态度。

作为讲师，我们需要时刻牢记一个观点：如果学员没有听明白，这不是学生的问题，而是讲师教学上的问题。讲师应该从自己身上寻找原因，反思自己的教学方法和讲解方式是否足够清晰、生动，是否能够吸引学生的注意力并激发他们的学习兴趣。

11. 破除"知识屏障"的三大法宝

一个人学会某样东西后，很难再站在未掌握者的角度思考，这就导致讲师讲解难度增加。类似经历如辅导小孩作业、带新员工、教新手开车，自己感觉说得很清楚，但对方仍无法理解。这就是"知识屏障"。为破除此困局，我们提出三个法宝，如图 1-13 所示。

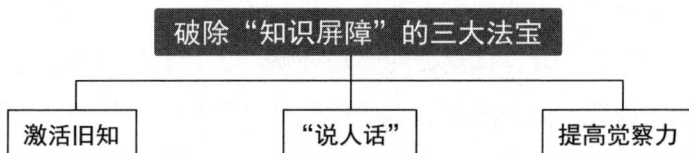

图 1-13　破除"知识屏障"的三大法宝

（1）激活旧知。激活旧知是破除"知识屏障"的枢纽。我们常陷入知识困境，因缺乏挖掘和运用已有知识和经验。因此，需要不断学习、思考和回顾，激活脑海中的旧知。要谦虚，承认自身不足，汲取新启示和灵感。同时，参加学习活动和会议，与同行交流分享，拓宽视野，丰富知识体系。

（2）"说人话"。"说人话"是破除"知识屏障"的关键。我们常陷入专业术语，导致表达晦涩难懂，影响沟通并易产生误解。因此，需要用通俗易懂的语言解释知识，具备沟通技巧，简明阐述复杂概念。同时，需要关注受众需求和兴趣，选择适当话题进行交流。

（3）提高觉察力。提高觉察力是破除"知识屏障"的核心。觉察力即敏锐感知和判断自我及环境的能力。具备觉察力可及时发现知识困境，并有效应对。提高觉察力需要保持开放心态，反思思考方式和行为模式，寻找问题和不足。同时，积极寻求他人反馈和建议，吸取经验，完善思维方式和知识体系。

【解读】 美美是位资深讲师，培训经验丰富。她经常热心地帮助学员，但发现即使自己讲解清晰，学员仍难以理解。后来，美美在多次反思后了解到"知识屏障"概念，即专业知识难以用通俗语言解释。

为改进教学，她选择采用破除"知识屏障"的三大法宝：激活旧知，从学员已有知识出发引导理解新知识；"说人话"，避免专业术语，用简单语言、生动例子解释；提高觉察力，观察学生反应，调整教学方式。

经实践，美美教学效果明显提升，学员逐渐掌握知识。同时，她也体会到教学需要用心理解学员需求，应该用最适合的方式引导他们成长。

12. 线上授课暂时无法完全取代线下

有些学员好奇，现在网络课程多样便捷，为什么还有那么多人愿意去现场听课呢？这就如同很多知名歌手的歌曲在网络上随时可听，但还是有很多人愿意购买线下演唱会门票一样。线上授课暂时无法完全取代现场课的原因主要有以下三点：

（1）感受胜于信息。现场带给学员的那种体验，往往只可意会、不可言传，莅临给人带来的快感远胜于屏幕前的观感。一旦融入其中，感受便成为推动个体前进的动力。

（2）集体进修远胜于个人进修。集体在一起会自动形成一种氛围，尤其是正能量的学习氛围会无形地影响到每一个人，特别是比较难的课程，一个人单独进修很难坚持下来，但是一群人相互陪伴，彼此帮助，就比较容易成功，这也就是团队的力量。

（3）确认自己是对的。其实，很多讲师讲授的东西，有些学员已经知道，只是他要看着讲师亲口从嘴里说出来，他才放心，他才能说服自己去行动。讲师给了他坚定的信念，本质上他就是在印证自己的想法。

13. 修炼沟通技巧

有些专业经验丰富的人常因沟通障碍难以展现能力。人际交往本身就蕴含艺术性，很多人做事表现良好，但在沟通时却常常遭遇阻碍。无论讲师自身与他人交流，还是向学员传授知识，修炼沟通技巧至关重要，需要注意以下三点，如图1-14所示。

```
          修炼沟通技巧的三大要点
      ┌──────────┼──────────┐
    憋住          发问          引导
```

图1-14 修炼沟通技巧的三大要点

（1）憋住。越有经验越要能憋得住，让对方讲，只有让对方多说他才会打开心扉，你要做的是保持倾听，倾听才是沟通的重要开头。

（2）发问。尽量让对方说出问题和答案，每个人通常不容易相信别人，但是会相信自己，用问题牵引对方自己说服自己。

（3）引导。引导对方开放式思维，不要封闭式思维，探索未来更多可能性。引导对方正能量，人都有两面性，激发正能量，负能量就会躲起来。引导对方自我反思，破除心中的假设，优化心智模式。

14. 注重刻意练习

学员学习知识的目的不是简单地积攒知识，更重要的目的是让所学知识转化为实际工作的技能去创造价值，刻意练习的目的是就把知识变成常识、把技能变成本能，把所学变成行为习惯。

> **【解读】** 专业的篮球运动员打球与普通人会有明显的区别，无论是过程还是结果。专业的篮球运动员会根据不同的场景训练制定不同的策略，运球、投篮姿势、队友更换、场地变化等都是策略的内容，运动员会按照不同的策略进行练习，不断地更新自己的成绩、提高个人的能力。
>
> 普通人打篮球，比起成绩与结果，更多的是享受过程，大多不会进行

太过专业和复杂的训练，所以普通人中的佼佼者在专业运动员面前也只是一个没什么经验的"新手"，就算是天赋异禀的普通人，如果没有经过刻意练习与努力，也很难成为真正的篮球高手。

"简单的事情重复地做"常被用于鼓励人心，但这存在误导性。只有简单重复而无刻意思考，其价值有限。刻意练习的前提是"刻意"，即多样化、创新性地思考如何行动。简单重复可造就熟手，却难以造就高手。讲师常在课堂上"折腾"学员，旨在培养刻意练习的习惯，而非有意为难。

15. 关注学员内在状态

许多讲师在初登讲台时，常常会感到迷茫与紧张。为克服此困扰，常会通过刻意练习与复盘反思提升授课能力以消除困扰。正确方法、持续练习和及时复盘纠偏，都能综合助力讲师进步。然而，这些成果常浮于表面，若无良好内在状态支撑，技巧和努力或被付诸东流。

学员内在状态是学习成效之根本。内在状态是复杂且独特的，其经历深刻影响性格、行为和价值观，讲师应深入了解学员背景，解开心结，提升学习效果。同时，学员的状态、系统、场域、关系和潜意识等要素也至关重要。学员状态直接影响学习效果，讲师需关注学员情绪变化，适时引导鼓励。

因此，建立健康学习系统，营造良好学习环境与积极互动关系，激发学习兴趣。通过心理引导和暗示，帮助学员打破潜意识束缚，释放潜能。

16. 讲师授课的三大技巧

在多彩的艺术世界里，讲师授课也是一门重要的艺术。它不仅是知识的传递，也是对讲师技能与学员学习能力的考验。就像相声表演，讲师授课也需要一些关键技巧。感性吸引、理性讲解和互动引导是其中最为常见的三大技巧，如图1-15所示。

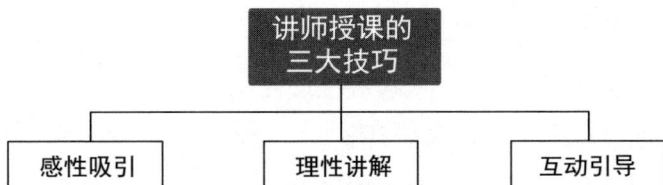

图1-15　讲师授课的三大技巧

（1）感性吸引。讲师可运用故事、活动和问题吸引学员注意。比如，在讲述历史时，穿插鲜为人知的历史故事，或采用角色扮演等方式让学员参与，激发学习兴趣。这种感性方法有助于学员投入课堂学习，提高学习效果。

（2）理性讲解。讲师需用清晰语言和严谨逻辑讲解知识点，运用金字塔原理等思维工具构建知识框架，帮助学员理解知识层次和逻辑关系。通过理性讲解，使学员有层次、有逻辑地吸收和理解课程内容，加深对知识的掌握。

（3）互动引导。讲师应积极与学员互动，引导学员参与课堂讨论和活动。在讲解过程中可提出启发性问题，鼓励学员发表观点；组织小组讨论，促进交流。这种方式既能塑造良好课堂氛围，又能助学员理解和掌握知识，提升学习成效。

17. 下学可以言传，上达必由心悟

学习包括有意识与无意识学习，学员多依赖有意识学习，但言传有限，有些技能难以言喻，讲师或许也不知晓。这些隐性技能是学员与讲师的主要区别，学员需要在困惑中挖掘讲师的隐性技能，否则只能长期接触慢慢熏陶。

【解读】　小燕是位才华横溢且好学的青年，她羡慕多才多艺的人，决定学吉他。她跟随技艺高超的师傅学了两年，始终虔诚好学，师傅也悉心指导。然而，小燕尽管努力，却难达师傅水平，怀疑师傅有所保留。她因此长时间闷闷不乐。母亲察觉后，耐心解释学习是循序渐进的过程，要超越讲师需自己思考和领悟，在实践中探索创新。

18. 合理规划授课时间

在众多企业培训课程中，学员们时常会耳闻一句令人略感遗憾的话语："因时间所限，这方面就不再展开了。"更有甚者，在个别培训场合，讲师会屡次重复这样的措辞。然而，许多学员对这样的时间限制表示不满。那么，为何众多讲师总是受到时间的束缚呢？其实，真正的原因并非完全在于时间本身，而更多的与讲师自身有关。

10分钟自有其所能完成之事，1小时亦有其所能承载之任。我们不应将用时1小时方能完成之事硬塞进10分钟的框架，更不应让本可在10分钟内了结的事拖延至1小时之久。

所谓"因时间有限"，实则是对做事的边界缺少规划，任何企业的资源都是有限的，唯有将有限的资源聚焦于最具价值之处，方能获得回报。讲师在授课过程中同样存在着边界问题，讲师的时间、授课场地、专业知识、个人修养、预算等诸多因素，共同构成了讲师的教学边界。倘若对自己的边界模糊不清，那么很可能便会越界而行，其结果自然是难尽如人意。

19. 高手讲师无须"控场"

在当今时代，涉足讲师行业的人数呈上升趋势，然而，真正能够被誉为高手讲师的精英却寥寥无几。造成这一现象的主要原因之一，便是许多讲师在不同程度上陷入了一些认知误区，其中，将"控场"作为授课的首要标准便是突出的代表。

然而，真正的高手讲师，通常并不满足于仅仅控制场面，而是更倾向于全身心地融入授课场景之中，致力于拉近与学员之间的距离，让知识传递的过程更加自然流畅。因为低维的问题往往在高维的视角中才能看得更加清晰。

就如同置身于迷宫之中，一旦升至迷宫上空，出口的方位便一目了然。高手讲师早已超越了"控场"的层面，目标不仅仅是维持课堂的秩序，更是要引导学员深入探索知识的奥秘，让他们在学习的过程中感受到乐趣与成长。

> 【解读】　某知名科技公司邀请了一位高级技术专家为员工进行技术培训，这位专家在计算机编程和架构设计方面造诣深厚。在培训中，专家采取自由开放的互动和讨论方式，而非传统"控场"。
>
> 不"控场"的教学优势显著：学员们心态放松，积极发表观点；激发参与热情，培训过程充满活力和创意。同时，这种方式有利于发掘学员潜力和创新思维，锻炼思考能力，积累实践经验。此外，专家鼓励自由发言和提问，有助于建立与学员之间的信任关系，为未来学习合作奠定基础。

20. "学"的三个度

讲师授课就如同一个橡皮筋，拉得太紧容易断裂，拉得太松没有张力，所以讲师需要在课堂上收放自如、拿捏适度，讲得太多学员不容易消化，讲得太少学员不满意。"度"的把握取决于觉察，取决于学员的反馈，更跟"学"密不可分。"学"大致可以分为三个度，如图 1-16 所示。

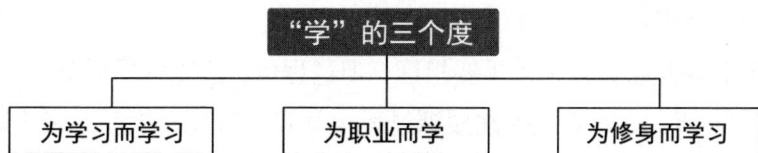

图 1-16　"学"的三个度

（1）为学习而学习。学习是为了解决自己的问题，消除自己的困扰，提升自己的能力。

（2）为职业而学习。比如，为了成为老师而学习，在认知层次，技能本领，品德段位等去升级，和学生之间形成认知差，从而去教学生，通过教学生，自己能力不断往上涨。

（3）为修身而学习。不是因为开豪车而显得富贵，而是因为你开了这个车，它才变得高级。把一切好事、坏事都化为修身的素材，你好了，什么都不是事，你不好，什么都是事。

21. 运用身体语言传播信息

在人际传播中，仅35%的信息通过语言符号传播，而65%的信息是通过非语言符号传播的。在企业培训过程中，学员可以面对面观察讲师的表情、身体语言，结合陈述中的语气、语调、节奏、间断来理解讲师的意思。

有一次，我在课堂上询问学员："讲师登台时，你最先注意他哪个部位？"多数反馈集中在脖子以上的部分。讲师授课时尽量保持微笑，避免随意观看，双腿并拢，手放腰间，持话筒于三分之一处，目光近看眼前，远看全场，互动时活泼，总结时果断，这些均是肢体语言的体现。讲师如同工匠，需精细培养自己的手、眼、身、法、步。恰当的表情和肢体语言有助于讲师体现个人风采，促进信息在课堂上无障碍流动。

22. 过程体验远比结果更重要

企业培训是实践到理论再到实践，是知行合一的过程。评价讲师授课效果，可将课程目标作为评价标准。课程目标决定授课内容、形式和逻辑。虽然课程目标是检验效果的重要指标，但过程体验远比结果更重要。

作为讲师，应该着重关注授课过程中学员的表现，以下几种表现的出现就说明培训效果已然趋向成功：

（1）下课后还会讨论。在培训结束后，只有学员觉得讲师讲授的内容有意义、有吸引力，才会愿意花费时间去深入地谈论与研究。

（2）认可讲师的言论。在培训过程中，讲师会发表自己的看法，如果能够得到学员的认可，就证明授课已经成功或接近成功。

（3）主动与讲师互动。真正成功的课程具有延展性，学员会选择主动与讲师进行交流互动，以便获得知识上的丰盈。

23. 讲师需要塑造自我形象

讲师一定要内外兼修，内修能力、外练形象，讲师授课的场景大多数时候是一对多，一个讲师在台上的外在形象也会对学员产生影响，甚至影响很大。讲师站在学员面前传道授业在关注内在能力的同时，也要重视自己的外在形象，表1-1是一些关于塑造讲师形象的建议。

表1-1 塑造讲师形象的建议

形象要素		男士	女士
外在着装	宜	西装搭配深色袜子、白色衬衫、皮鞋和外套颜色接近	三件以内首饰、皮鞋袜子和外套颜色一致
	忌	深色西装配白色袜子、圆领衬衫	佩戴过多首饰、穿着暴露和花哨
专业语言	宜	吐字清晰，熟练应用轻重音，突出重点；语调有高低变化；正能量	
	忌	随意使用一些过于生活化的语言、地方方言或者俚语，甚至低俗段子	
行为举止	宜	1.抬头，挺胸，收腹，目视观众，全身肌肉保持紧张，情绪放松 2.立定，双脚靠近，双脚的距离要窄于双肩 3.手的活动范围为高不过头，低不过腰 4.手指向内弯曲 5.形体要"正"，做到五点一线，即后脑勺、后背、臀部、小腿肚和脚后跟这五个点在站立时形成一条直线 6.有自己的根据地，确定自己的主要活动范围	
	忌	满场跑，背对学员，长久斜视学员，伸直食指，经常握成"拳头"	

24. 以实际问题为导向驱动学习

【解读】 一家新兴的科技公司，随着业务的快速发展，员工对于新技术和业务流程的掌握变得尤为重要。然而，传统的培训方式往往无法有效激发员工的学习热情，导致培训效果不尽如人意。为了改变这一现状，公司决定采用以实际问题为导向的学习方式。

（1）提出问题。在一次内部会议上，公司高层提出了一个关于如何优化业务流程的问题。这个问题涉及多个部门和岗位，需要员工跨部门协作，共同寻找解决方案。

（2）组建团队。公司根据员工的技能和兴趣，组建了一个跨部门的学习团队。团队成员包括来自不同部门和岗位的员工，他们共同承担起解决问题的任务。

（3）查找资料与讨论交流。团队成员开始广泛搜集相关资料，包括公司内部的文档、外部的研究报告，以及行业内的最佳实践。他们定期召开讨论会，分享各自的学习成果和心得，共同探讨解决问题的思路和方法。

（4）实践验证与反馈调整。团队成员根据讨论的结果，尝试制定并实施初步的解决方案。在实践过程中，他们不断收集信息反馈，根据实际情况调整方案，确保问题得到有效解决。

经过一段时间的努力，学习团队成功找到了优化业务流程的方法，并在实际应用中取得了显著的效果。这种以实际问题为导向的学习方式不仅激发了员工的学习热情，还促进了跨部门的协作与沟通，提高了公司的整体运营效率。

传统的培训形式对于很多学员来说缺乏吸引力，接受培训就是失去自由，要想改变这种现状，突破口就在于一定要把学习和学员最想解决的问题联结起来，以解决实际问题作为学习的发动机来驱动学习，这也是讲师为什么强调聚焦问题的原因。

讲师开发的课题一定要围绕当下最困扰企业的问题展开，立足问题，面向学员。所有的教学都要解决两个关键问题：一是如何激发学员内在的学习动机，让学员真正想要学习；二是如何激发学员的学习动机，让学员把学到的东西应用到实际工作中去。没有前者，即使把学员都绑在教室里，他们的心也不在那儿；缺失后者，不管学员在课堂上学了多少知识点，实践中长期不用的话，过一段时间就全忘光了。

25. 锻炼心态克服紧张情绪

在授课过程中，有的讲师在"一对一"时游刃有余，一旦"一对多"

就慌乱了，主要表现为紧张，实质上就是没有锻炼好面向学员的心态。面对紧张的情绪，讲师不应该逃避，而是要面对问题，采用有效方法，如图1-17所示。

克服紧张情绪的方法

控制情绪	多读书多社交	刻意练习
合理区间内	拉大认知差	塑强大内心

图 1-17　克服紧张情绪的方法

（1）合理区间内。讲台上只存在两种人，一种是极度紧张的人，一种是假装不紧张的人。适当的紧张对于授课来讲，反而是好事。每个人对于确定性的东西不会紧张，对于不确定性的东西会缺乏自信，而讲师正是在把不确定的东西转化为确定性的东西的传播者。讲师应把紧张情绪控制在合理的区间内，不要影响到对话交流即可，给自己解决问题的时间，才能遇到更优的自己。

（2）拉大认知差。大多数人面对熟悉的人时是不紧张的，之所以在某些场合会紧张，是因为对面坐的人不一样，他们集合在一起形成了一个强大的环境氛围。这种氛围可能会让讲师感觉有可能控不住场，所以紧张，紧张的本质是内在的心理准备和调控能力还不够。讲师平常要多读书、多社交，从专家身上汲取能量，当讲师的气场足够大时，紧张的就是下面的学员了。

（3）塑强大内心。讲师表面是讲授各种方法和技能，实际上是对自己内在能力的一种锻炼。面对学员的各种问题，讲师如何反应，不仅关乎知识层面的问题，更是考验内在系统是否强大。

26. 有效学习需要"吸收—处理—输出"

收获来自对所经历的人和事的提炼和总结，形成个人见解。有效学习需要"吸收—处理—输出"三个阶段，高效输出至关重要。我们每天都会接收大量信息，但能记住的微不足道，能够融入知识架构的就更少了。高效学习需依赖方法，如眼看、耳听、手记、口说、笔记，调动感官将信息转化为知识，实现内化于心、外化于行，逐渐塑造个人思维模式。关于如何促进信息转化，可以尝试以下方式。

（1）行动。通过做中学、学中做，进行行动的实际应用，比如说，教是最好的学，教别人可以达到 90% 的学习效率。

（2）写作。通过写作可以倒逼吸收和思考，用输出促吸收，用外化促内化。

（3）讨论。这需要一个共同学习的小组，小组讨论合作探究，大家互相质疑，互相提醒，互相督促。

27. 善于运用框架思维

优秀讲师通常将问题置于可靠框架内思考，擅长运用多个思维框架，遇到新情况或看法变化时，他们会从记忆中选择合适的框架，并调整细节以适应现实。框架思维是指总结提炼事物本质，将其结构化，并迁移至其他领域以实现目标。

优秀讲师头脑中装有很多框架模式，比如 SCQA（情景、冲突、疑问、回答）就是一个不错的框架模式，这个框架模式适合结构化表达，如 PPT 演示文稿、演讲稿、广告文案、文章等，似一个故事，跌宕起伏，娓娓道来。SCQA 的具体解释如下。

S——情景。由大家都熟悉的情景、事实引入，产生共鸣。

C——冲突。与情景有明显的冲突或转折，推动"故事"情节的发展，吸引眼球。

Q——疑问。延伸出你要讲的问题。

A——回答。提出你的解决方案。

在日常使用 SCQA 中，并不一定非要严格按照"S 情景—C 冲突—Q 疑问—A 回答"结构来进行表达，可以调换顺序以展示不同的表达风格。

28. 体验式学习

体验一次几乎贯穿了很多人的一生，在课堂上体验式学习同样意义重大。优秀的讲师通常有两个特点：一是学员在课堂上很开心且参与性强；二是课后学员在认知上收获颇丰。

库伯教授的体验式学习理论为设计体验式教学提供了指引和方向，该理论模型包括以下四个步骤。

（1）经历和体验。完全投入到当时当地的实际体验活动中。

（2）观察和反思。从多个角度观察和思考实际体验活动和经历。

（3）抽象和归纳。通过观察与思考，抽象出合乎逻辑的概念和理论。

（4）测试新概念。运用抽象出合乎逻辑的概念和理论进行决策，并在实际工作中验证这些概念和理论。

很多讲师都在强调要让学员少走弯路、少跌坑，其实在恰当的时机也应该让学员去"跌坑"，只有"跌坑"才会有深刻的体验，得到的知识才更有说服力。而体验式培训就是重在体验、在做中学，并从体验中产生有意义、相关的洞见。在实际教学中，讲师可以通过布置一个任务或构建一个场景，引导学员总结经验并逐步促进认知变化的过程。

> 【解读】　在一次针对新入职员工的培训课程中，讲师张明设计了一个富有挑战性的任务：让学员们分组完成一个模拟的互联网项目，从需求分析、产品设计到市场推广全流程参与。
>
> 在任务开始前，张明强调了自我总结与认知提升的重要性，并鼓励学员们在完成任务的过程中，不断总结经验，思考如何更好地解决问题。
>
> 项目推进中，学员们遭遇各种挑战。张明未直接解答问题，而是引导学员团队讨论与自我反思，从经验中找问题症结，并尝试提出解决方案。
>
> 通过不断试错和调整，学员们找到了解决问题的思路和方法，还在任务完成后进行了深入总结和反思。学员们表示，这次任务不仅让他们学到了实用技能和知识，更重要的是学会了发现问题、分析问题和解决问题，并在实践中总结经验的方法，提升认知能力。

29. 运用"调频"技法

赛万提斯曾言，"弓弦若长久紧绷不放，终将难以承受其重。人亦如此，若无片刻休憩，终将不堪重负。"当学员们投身于繁重的学习任务之中，适时地给予他们休息的机会至关重要。讲师不妨尝试运用"调频"技法，让疲惫不堪的学员重新焕发精神，集中注意力。

"调频"技法，实则是激发不同感官的过程。在教学领域中，有一种名为"多感官刺激记忆法"的教学理念，它强调通过调动视觉、听觉、嗅觉等多种感官来加深记忆。有人或许会疑惑，记忆何以需要听觉与嗅觉的参与？其实，当这些感官被同时激活时，大脑所受的刺激将更加全面而深刻，记忆中枢也能得到更充分的调动。

【解读】 在一个忙碌的周末培训班里，讲师小张老师注意到学员们因长时间的学习和讨论显得疲惫不堪，注意力开始分散。她深知，如果继续按照原计划进行授课，效果将大打折扣。于是，她决定运用"调频"技法，为学员们带来一段别开生面的休息时光。

小张老师首先关闭了教室的灯光，只留下一盏柔和的台灯，营造出一种宁静而舒适的氛围。接着，她播放了一段轻柔的古典音乐，让音乐的旋律在空气中流淌。随着音乐的节奏，她轻轻地喷洒了一些清新的薰衣草精油，让淡淡的香气弥漫在整个教室。

学员们被这突如其来的变化所吸引，纷纷放下手中的笔和书本，闭上眼睛，静静地感受这片刻的宁静与美好。音乐、香气和光线交织在一起，形成了一种独特的氛围，让学员们的感官得到了充分的放松和调动。

休息片刻后，小张老师重新打开了教室的灯光，学员们的脸上都露出了焕然一新的神情。她发现，经过这次短暂的"调频"休息，学员们的注意力集中了，精神状态也饱满了。在接下来的授课中，显而易见，学员们的学习效果得到了明显的提升。

第 3 讲 开发课程的精髓是什么

可能每个人经常会有这样一种感觉，好像培训课程里的故事、案例、观点似曾相识。怀疑是讲师从别的地方粘贴来的内容，然后加了些自己的东西开发整理出的课程。随着企业对培训的专业性和针对性要求越来越高，这类课程将无法满足需要。那么，讲师需要开发什么样的课程呢？或者说，开发课程的精髓是什么呢？下面结合自己多年培训从业经验，介绍一些有效且实用的开发课程方法和技巧。

1. 案例的重要性

好的案例在课程设计中能简化内容、激发共鸣。案例常源于企业实际问题和挑战，贴近学员日常生活，激发学习兴趣与思考。案例如镜，剖析案例能帮助学员看清不足和提升空间，了解行业趋势。

讲师可以运用案例生动传授知识，丰富课程内容和形式，帮助学员理解掌握所学。在选择案例时需注重时效性和实用性，反映行业现状和未来趋势，所以需要关注行业热点，引入鲜活案例素材，体现学习价值。同时，生活素材也可作案例素材，帮助学员理解理论知识，激发创造力和想象力，更好应对市场挑战。

2. 设计课程内容的路径

在追求学习任何先进事物时，无论是技术、知识还是某种方法，我们总是需要遵循一个渐进的过程，即先僵化、后优化、再固化的路径，如图1-18所示。

（1）僵化。僵化阶段如同初学技艺，依葫芦画瓢模仿师父。这一阶段，我们主要模仿和复制现有流程或方法，虽不完全理解每步原理，但关键在于让流程先走通，为后续优化和固化奠定基础。

（2）优化。优化阶段需深入理解流程或方法，持续优化改善。这一阶段，我们不是模仿表面，而是探究内在逻辑原理，结合实际调整改进。这需要我们保持开放心态，勇于尝试新方法，通过实践检验不断修正。

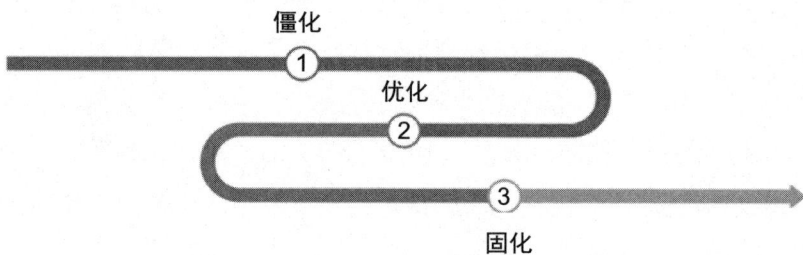

僵化
①
优化
②
③
固化

图1-18 设计课程内容的路径

（3）固化。固化阶段是内化学习的过程。这一阶段，我们会逐渐深入理解和掌握所学内容，转化为个人知识和能力。这需要保持学习热情和毅力，巩固和完善知识体系，以便将来灵活运用所学内容。

以讲师开发课程为例，首先，讲师可复制现有课程内容，以搭建课程的基本结构和内容框架；其次，在框架的基础上结合个人教学经验和专业知识进行优化提升；最后，优化内容后，讲师可加入自己的理解和创新，形成个人特色课程体系。

3. 从自己和别人的错误中学习

聪明的人会从自己的错误中学习，智慧的人会从别人的错误中学习，优秀讲师和"菜鸟"之间的区别在于，每做完一件事情或者观察别人做完一件事情后，优秀的讲师都会问自己从中学习到了什么。

【解读】 在一次销售技巧课程中，讲师小王发现学员在模拟销售场景中难以应用所学技巧。课后，他反思自己的教学方法，认为模拟场景难度过高，未充分考虑学员理解能力。同时，他在引导学员思考和解决问题方面也有待提升。

为改进授课效果，小王与学员沟通，了解他们的实际问题和困惑，并请教其他讲师。在下次课程中，他降低了模拟场景难度，增加了实际案例和互动环节，引导学员思考和讨论。

改进后的课程效果显著，学员参与度提高，能更好地应用销售技巧，并对小王的教学方法和专业素养给予高度评价。

这次经历让小王认识到，讲师不仅需要具备专业知识和实践经验，还需要从错误中学习，不断优化教学方法和策略，以提升培训效果。这种精神有助于个人成长和企业人才培养。

课程开发最需要的是有用的素材，从自身经历的事情中总结经验固然有用，但是知识领域是广阔的，一个人能够经历的事情确实是有限的，为了能够丰富课程的内容，讲师还可以去观察别人的行为。优秀的讲师可以发掘每一件事情中的有效信息，而从错误中学习是总结归纳有用经验的重要途径，此时，讲师可以从自己的错误中学习，也可以抓住机会从别人的错误中学习。

4. 有效学习的关键在于闭环

很多人看起来学习非常认真，但是进步缓慢，主要是缺少方法。想要学习有效果，就要形成有效学习的闭环，如图 1-19 所示，否则就会出现一个新知识还没学会就开始下一个新知识的学习，形成恶性循环。

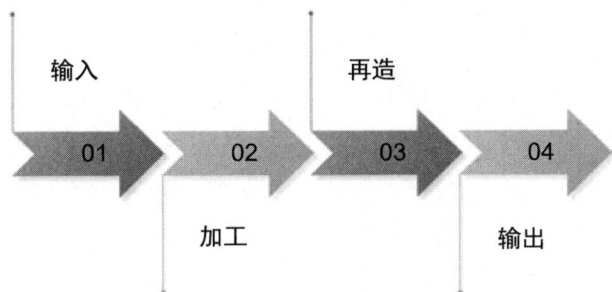

输入　　　　再造

01　　02　　03　　04

加工　　　　输出

图 1-19　有效学习的闭环

（1）输入。我们从外部接收的信息都叫输入，看书、听课、自学、看视频、向高人请教、自我反思等。

（2）加工。把输入的信息编织到原有经验的大网中去，生成属于个人版本的解读和理解，如可以用自己的语言去做出说明和解释，这些都叫加工。

（3）再造。把个人版本的解读和理解运用到实际的场景中时，要结合场景进行适当再造，讲师讲的是过去的东西，学员面对的是当下的场景，需要做本土特色的改造方能用之。

（4）输出。输出是最好的学习。把学习的感受和体会进行输出，如做成课件、录制微课小视频、写文章等，这样可以分享给更多的人，这也是讲师常说的：有经验并不算什么，能把经验导出来，并批量复制才算本事。

5. 打造自己的知识体系

如果讲师开发出优良的课程内容，但是学员不愿意认真接受，那么再好的课程也无法发挥作用，所以在开发课程时讲师更需要关注课程内容的传播形式，往往只有触动情感的知识才会付诸行动中。比如，观看历史电影，远胜于阅读书本上枯燥的文字，讲故事、看电影等都是传播知识的形式。

学习需要场景，因为场景可以触动情感，从而去驾驭知识、指导行为。高效的学习是抛出一个真实问题、构建一个学习场域，通过解决问题去反思、去学习必要的知识点，这样远比单纯的阅读课本有价值。

课程内容可以体现讲师的知识体系，那么该如何打造属于自己的知识体系，成为一位优秀的讲师呢？大道至简，做到以下三点即可：

（1）重新归纳。将复杂的东西归纳得再简单一点，有利于学员的快速理解与掌握。

（2）刻意练习。把知识应用到实践中，将简单的东西转化为习惯，自然地融合到个人行为之中。

（3）复盘反思。知识组合不可能一成不变，讲师需要通过复盘反思来完善和优化知识体系。

6. 形式的重要性

如果讲师的课程内容学员不愿意接受，那么再好的课程也无法发挥作用，所以在开发课程的同时，讲师更需要关注的是内容的传播形式，往往只有触动情感的知识才会付诸行动中。

一个学员观看历史电影，远胜于阅读书本上枯燥的文字，讲故事、看电影等形式都是传播知识的形式。企业培训需要场景，因为场景可以触动学员情感，从而去驾驭知识、指导行为。真正的学习是抛出一个真实问题、构建一个学习的场域，通过解决问题去反思，去学习必要的知识点，这样远比单纯的学习课程文字有价值。

7. 课堂上适时推出互动活动

常有这样一种现象，讲台上讲师知识渊博、能力出众，而课堂下面的学员却在昏昏欲睡。学员长期处于这样的教学环境中，学习状态会从高昂一路下降到低迷。面对这种情况，讲师应适时推出互动环节，使学员保持高度集中的精神状态，从而极大地提升学习效果。

【解读】 一家大型企业为提高员工团队协作能力，邀请讲师进行一场培训活动。讲师决定运用"心电图思想"设计互动环节，以确保学员能够保持高度的参与度和学习兴趣。

课程流程设计：

（1）阅读和自学。培训开始前，学员通过阅读材料了解团队协作的基本概念和重要性，为接下来的课程打下基础。

（2）讲师讲授。讲师结合生动的案例，深入剖析团队协作的关键要素和技巧，引导学员思考。

（3）学员发言。在讲师讲授时，邀请学员分享自己对团队协作的看法和经历，引发学员间的交流和思考。

（4）播放视频。播放一段团队协作的案例视频，让学员直观感受团队协作的实际效果，增强记忆和理解。

（5）小组讨论。学员分组讨论如何在实际工作中提升团队协作能力，每个小组分享讨论成果，相互学习。

（6）案例分析。讲师提供一个典型的团队协作案例，学员分析案例中存在的问题和改进方案，锻炼分析和解决问题的能力。

（7）角色扮演。学员分角色模拟团队协作场景，通过实践体验团队协作的挑战和应对策略。

（8）学员测评。进行团队协作能力的自我测评，让学员了解自己在团队协作方面的优势和不足。

（9）情景模拟。设计一个复杂的团队协作场景，学员根据所学知识制定解决方案，并进行模拟演示。

（10）现场练习。在培训的最后阶段，组织学员进行团队协作的实际操作练习，巩固所学知识，提升实际操作能力。

通过这样的流程设计，课程中的互动环节刺激度逐渐上升，学员的参与度和学习兴趣也得到了有效提升。整个培训过程中，学员的学习状态如同心电图一般起伏变化，带来"心动"体验，从而更好地掌握了团队协作的技巧和方法。

8. 精品课程就是一部优秀作品

如果说开发课程是一门科学，那么情景模拟则更像是一门艺术。如果将开发课程比作烹饪一道美味佳肴，那么我们的目标便是让食客尽享美食的盛宴，并将其转化为生命的能量，这正是课程的关键所在。内容如同食材，讲师则是厨师，需要仔细考虑如何以精湛的开发技术和巧妙的呈现形式，使课程内容既美味又营养。

在烹饪过程中，食材的投放顺序与火候的掌控至关重要，这就很像课程的展开逻辑，每一个章节、每一个知识点，都如同精心挑选的食材，在讲师的巧妙烹制下，逐步呈现在学员的眼前。开发课程，便是讲师将多年实践经验浓缩成理论观点呈现的过程。通过课程定位明确目标，精心选择素材，多渠道构建课程内容，同时，通过逻辑梳理，使内容条理清晰、层次分明。同时，好的内容还需配以好的形式与方法呈现，才能让学员更好地吸收与理解。

9. 从多个维度讲授课程

人类的大脑，面对复杂的信息时，老是喜欢把无序的东西变得有序，把没答案的变成有答案。比如，减肥，可以从饮食、运动等去论述，这个叫"维"；可以从每天吃多少克，跑多少千米去讲述，这个叫"度"。

若我们将这个"维度"用到讲授课程上，不是想着先讲什么，而是想着先选择哪一个"维度"去讲。比如，我们想讲案例，那么案例就可以成为课程展开的"维"，讲几个案例，讲到什么程度就是"度"。案例的步骤、观点、结论、场景、方法、工具等都可以成为课程展开的维度。面对同一主题，讲师可以选择不同的"维度"去解释，才能达到融会贯通的效果。

10. 短期靠包装，长期靠内涵

对于讲师来讲，课堂就是社交媒介，课程就是解决方案。讲师服务的对象可以是平台，可以是机构，可以是直接客户，可以是学员，甚至是一对一的个人，但是终归全是人。

致力于走出去，走向更大舞台的讲师，为了体现出道即巅峰，可以准备以下三大件便于传播自己：讲师简介（有模板）＋课程大纲（三级目录）＋10分钟高清讲课小视频（便于了解授课风格），用讲师的专业构建知识体系，用讲师的方法论把做事的套路实现复制和无限传播，用讲师坚定的职业信念取得学员的尊重。

11. 知行合一方能实现最佳的教学效果

网络的蓬勃发展使得诸多课程得以在线展开，似乎在全球范围内，仅需一位卓越讲师便能惠及万千学子。然而，我们需要清楚，学习的成效并非仅由讲师的优劣所决定，更为关键的是学员对于知识的转化与吸收能力。

优秀讲师深入浅出的讲解，固然为学员的输入阶段奠定了坚实基础，但真正考验学习效果的，还是学员能否将这些知识内化于心、外化于行。正如一道美味佳肴，需要我们细细品味、逐步消化，学习亦是如此。倘若学员缺乏主动求知的欲望，即便讲师授课的内容再精彩纷呈，也难以被有效吸收。

真正优秀的讲师，既要会讲，又要会做。会讲能够改变学员的认知，会做则能引领学员改变行为。知行合一，方能达到最佳的教学效果。然而，现实中许多讲师往往偏重其中一方面，而难以两全。

事实上，现今的很多学员本身并不缺乏知识，真正缺乏的是如何将这些知识转化为自身能力、付诸实践的转化吸收能力。因此，优秀讲师需要不断自我调整，以更好地适应学员的需求，引导他们实现知识的有效转化与吸收。

12. 规避人性弱点

正如菲兹杰拉德所说："同时持有全然相反的两种观念，还能正常行事，是第一流智慧的标志。"在生活中总会有意见相反的时候，教学过程中亦是。有的讲师教学按部就班、统一标准，有的讲师则认为因材施教最为合适。实际上，没有标准的授课方式，只要能够顺利讲授课程就是合理的。讲师在授课过程中，可以从以下几点出发规避人性弱点，以提升课堂效果，如图1-20所示。

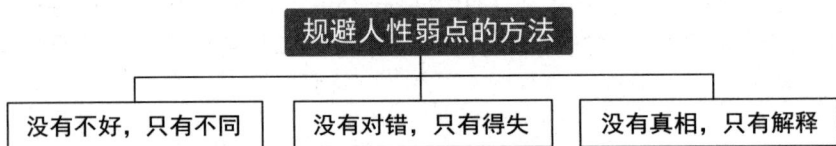

规避人性弱点的方法

| 没有不好，只有不同 | 没有对错，只有得失 | 没有真相，只有解释 |

图1-20 规避人性弱点的方法

（1）没有不好，只有不同。不要说别人不好，只是别人的视角和你不一样，站在山上的人和站在山下的人看彼此都很小，每个人都像是戴着镣铐的舞者，你不被这个框架框住也会被另外一个框架框住，人生有很多版本，不妨看看别人的版本。

（2）没有对错，只有得失。在商言商，在学研学，在商业中如果不考虑得失，也就无所谓对错。对和错本是硬币的反正面，每个人穷其一生都在证明自己是对的，我们的大脑会把一切东西都趋于合理化，最终自己说服自己，然后心安理得。

（3）没有真相，只有解释。同样一个课件，不同讲师去讲，可能效果大相径庭，原因在于讲解过程。讲师拿到一份资料，理解和看法不一样，讲解方式就会不一样，学员获取的信息也就不一样，最终得到的启迪也就不一样。所以说，没有唯一真相，只有不同版本的解释。

13. 金玉其外不能败絮其中

讲师在授课前需要做充足的准备，但时常会过于聚焦于内容的篇幅与PPT演示文稿（以下简称PPT）的精美程度，而忽略了传递真正有价值的信息。诚然，课程的顺利进行确实离不开各种授课工具的辅助，然而，这些工具不应当成为课程的主导者。

有的讲师过分追求PPT的展示效果，却忽略了内容的含金量，导致讲师滔滔不绝，而学员们虽投入大量时间，却所获甚微。作为讲师，我们应当深刻认识到课程的重要性，并体谅学员们时间的宝贵。因此，我们应尽量避免在PPT上耗费过多的精力，而应把更多的精力用在深入剖析问题的本质，找出问题的症结所在，并致力于解决这些问题。唯有如此，我们才能确保课程内容真正有价值，学员们也能从中获得切实的收获与成长。

【解读】 张科，身为科技公司技术部的一员，始终致力于技术的钻研与创新。然而，随着时代的飞速发展，员工们逐渐意识到自身能力可能已无法跟上时代的步伐。为了应对这一挑战，企业高层审时度势，果断决定启动一系列针对性的员工培训，以提升员工的整体素质与技能水平。

起初，企业聘请了一位行业知名讲师进行专业培训，其PPT很美观，但员工们反馈培训后效果有限。闻此意见，企业领导高度重视，经审查发现这位讲师过于注重展示技巧和形式美观，未能深入剖析员工技能问题并提出解决方案。为此，企业领导又请了新的讲师，其PPT虽不花哨，但能精准指出员工技能短板并提供针对性建议，员工们受益匪浅，能力显著提升。

通过这次培训的经历，企业领导深刻认识到，真正的培训效果并不在于讲师展示技巧有多高超，而在于是否能够准确把握员工的需求和问题，并给出切实可行的解决方案。

14. 优秀课程背后的普遍规律

课程是讲师的产品，是讲师的社交货币，但是千人千法，不同的讲师擅长开发不同的课程，但优秀的课程通常有共同之处，并有一定的规律可循，如图1-21所示。

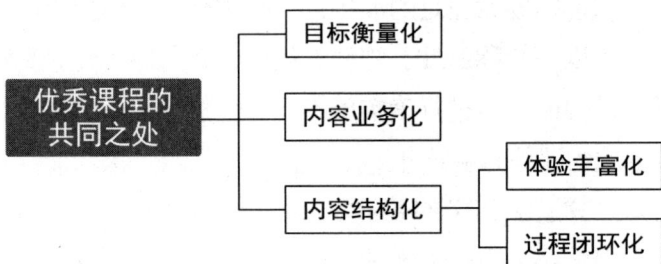

图1-21 优秀课程的共同之处

（1）目标衡量化。课程开发可以选择以学员为中心，以解决问题为目的进行教学，目标采用行动动词可视化，做到课后可衡量化。

（2）内容业务化。好的课程基于目标，能够做到紧贴业务，可以萃取企业中的最佳实践案例放到课程中，理论内容必须紧贴业务场景，可以直接指导业务实践。

（3）内容结构化。把课程内容充分结构化，即体验丰富化和过程闭环化。学员最容易吸收简单、有逻辑、层次清晰的内容，讲师可以把内容做出合理化排序，构建一个容易理解的逻辑，利用可视化模型展示给学员。

体验丰富化是指讲师的授课形式要千变万化，不要只用一种形式来授课，案例分析、情景模拟、角色扮演、实战演练等方法都可以组合运用，以提高学员的现场体验感。

过程闭环化是指每次课程都应该是一个完整的整体，有开始、有过渡、有结尾，每个环节都有每个环节该干的事情，课程结束要回顾总结，并引出下次课程，完成一次闭环。

15. 开发自己的课程

用自己开发的课程传授学员是成为优秀讲师的第一步。要想成为优秀讲师，就需要开发出属于自己的课程，可以借鉴达利欧的五步流程法：第一步要做的就是设定目标，即开发关于哪方面的课程；第二步是探索增加课程开发阻力的问题是什么；第三步是分析为什么会存在阻碍性问题；第四步是制订解决问题的方案；第五步就是按照方案的内容采取行动。

阻碍课程开发的原因可能是定位不清、素材不够、案例缺乏、逻辑不通、形式单一、PPT 制作乏力等，接下来就可以针对问题找根源。比如，定位不清是因为没有了解学员的痛点和难点；素材不够或缺少案例是因为没有复盘过往经历，或者看书听课太少；逻辑不强是因为没有按照金字塔原理去搭建；形式单一是因为没有观摩其他讲师的现场教学，以及用多种形式去促进一个知识点吸收转化等。

找到问题才可以解决问题。比如，安排好时间，定期参加优秀讲师线下课；通过主题阅读丰富自己课程的知识体系；寻找各种登台机会去实战演练；和同频的学员复盘反思，形成社交小组研发课程，互相拍砖[①]成长等。

16. 讲述课程是课程设计的关键所在

有些讲师误以为授课只是制作课件的过程，倾注大量精力搜集资料和素材、精心整理课件，然而在实际授课时却不能流畅表达，学员也难以产

---

① 拍砖：培训常用语，意思是通过批评和建议来帮助他人成长和提升。

生共鸣和认可。然而，课件并非专业知识的堆砌，而是与学员互动的预演脚本。讲师在准备课件时，应当深入思考课堂上如何与学员进行有效的互动，并以此为导向进行课件的制作。

没有真正踏上讲台、体验过授课的讲师，是难以创作出优质课件的。正如众多脍炙人口的古诗词，它们并非在封闭的室内苦思冥想而来，而是在欣赏过祖国大好河山后，情感自然流露的结晶。

真正的授课，其核心在于讲述，而非制作课件。讲师应当首先考虑如何讲述课程，这是课程设计的关键所在，而非单纯地制作课件。课件的制作应当紧密围绕课程设计，服务于讲师的授课过程，以提升教学质量和学员的学习体验。

第4讲　如何复盘萃取过去沉淀的知识

优秀讲师都明白学无止境的重要性，在教导学员的同时，也会通过不断地学习来完善自我，但是，学习与接收新的知识并不代表可以抛弃或遗忘过去的知识，如何不让学过的知识过眼云烟是很多讲师一直在探索的问题。优秀讲师的成功经历告诉我们，复盘萃取是稳固知识、沉淀知识的有效途径，下面介绍一些有效且实用的知识复盘萃取的方法。

1. 好的提问可以激发出曾积累的过往知识

讲师在没有搞清楚问题之前，任何凭借过往知识和经验制订的解决方案都可能会产生误导，因此要尽量多提出开放式问题，也就是以为什么、如何、怎么样为开头设置问题，帮助自己和学员打开思路，而不是局限于原有的思维框架。

优质的问题犹如一把钥匙，能够开启知识的宝库，激发出我们内心深处曾经积累的过往知识。在解答问题的过程中，我们不仅能够解决眼前所遇到的问题，还能在不经意间将所学过的知识巩固于脑海之中。这样的过程既是对问题的妥善处理，又是对知识体系的不断完善与丰富。

2. 显性知识和隐性知识都需要汲取

在这个知识如洪流般汹涌的时代，我们不难发现，显性知识已然泛滥成灾，而隐性知识却依旧供不应求。隐性知识的转化与生长并非一蹴而就，而是需要人们在特定的领域中，通过深度的互动与交流，方能逐步发掘和领悟。

许多讲师在讲授自己授课技巧时，往往会倾囊相授，然而，真正能够一比一复刻其授课神韵的学员却寥寥无几。这其中的关键是学员往往只能看到显性知识的皮毛，而隐性知识的精髓却难以触及。如果知识仅停留在显性层面，缺乏隐性知识的支撑与烘托，那么，讲师在讲授的过程中总会觉得少了些许灵魂与深度。

【解读】 在一个大型的软件开发项目中，项目经理孙素面临着如何有效管理和利用团队知识的挑战。她深知，显性知识和隐性知识都是项目成功的关键要素，因此她采取了一系列措施来沉淀这些知识。

首先，孙素鼓励团队成员将显性知识以文档的形式记录下来。她制定了一套文档编写规范，要求每个模块的开发人员都要编写相应的设计、测试和使用说明文档等。同时，她还建立了一个共享的项目知识库，将所有文档进行归类和整理，方便团队成员随时查阅。

然而，孙素也意识到，仅仅依靠显性知识是不够的。在软件开发过程中，很多经验和技巧是难以用文字和图表表达的，这些都属于隐性知识。为了沉淀这些隐性知识，孙素采取了以下措施。

（1）定期举办技术分享会。她鼓励团队成员在会上分享自己的技术心得和经验，让其他团队人能够从中受益。同时，她还邀请行业专家举办讲座，为团队带来新的知识和启发。

（2）建立导师制度。孙素为每个新加入的成员安排了一位经验丰富的导师，通过一对一的指导，让新成员能够快速掌握项目的技术和工作方法。

（3）观察和记录实际工作流程。孙素还鼓励团队成员在实际工作中互相观摩和学习，记录各自的工作流程和方法，从而获得更多的隐性知识。

通过这些措施，孙素成功地沉淀了项目中的显性知识和隐性知识。团队成员不仅能够快速获取所需的知识和技能，还能够从彼此的经验和技巧中汲取灵感，不断提升自己的能力和水平。最终，这个项目在团队成员的共同努力下成功完成，获得了客户的高度评价。

3. 显性知识与隐性知识之间的转化

我们所接触的知识可以分为显性知识和隐性知识，然而两者之间并没有分界线，是可以实现转化的。这种转化主要包括四种形式：显性知识之间的相互转化、隐性知识之间的相互转化、显性知识到隐性知识的转化和隐性知识到显性知识的转化。

（1）显性知识之间的相互转化。这是一种知识扩散的过程，通常是将零碎的显性知识进一步系统化和复杂化，将这些零碎的知识进行整合并用专业语言表述出来，这样个人知识就上升为了组织知识，能更容易地为更多人共享和创造组织价值，如讲师班上讲师开发课程就属此类。

（2）隐性知识之间的相互转化。每个人都拥有对事物的理解和经验，这是个人的隐性知识，那么个人的隐性知识与他人分享就是隐性知识之间的转化，这也是隐性知识转化为显性知识的第一步，也是知识社会化的第一步。主要通过观察、模仿和亲身实践等形式使隐性知识得以传递，如讲师班上内外私董会模式就属于此类。

（3）显性知识到隐性知识的转化。这意味着，企业的显性知识转化为企业中各成员的隐性知识。也就是说，显性知识在企业员工间传播，员工接收了这些显性知识后，可以将其用到工作中去，并创造出新的隐性知识，如讲师班中面向炮火的精准赋能就属此类。

（4）隐性知识到显性知识的转化。很多人在得到隐性知识以后，会因为无法表达或不会分享等原因，而没有办法将隐性知识转化为显性知识，就需要实现隐性知识的显性化提供技术支持，如讲师班上复盘萃取就属此类。

4. 沉淀知识是学习的过程与目的

阅读一本书之前要明确如何去读，学习一门课程之前要知晓如何去学，知道怎么做通常比去做什么更加重要。想要把事情做得正确，就需要先做正确的事，这才是基础的思维逻辑。

经常读书的人不一定会阅读，经常学习的人不一定会学习，汲取知识的人或许也不清楚如何拥有知识。当我们学习知识前，就需要明确学习的目的是什么。

人之所以要不断学习，就是为了提升自我，而提升在于积累，不是学过知识而是需要去沉淀知识。这就是学习的目的，也是学习过程中的一部分。

5. 沉淀知识可以避免假性学习

为何我们费尽心力学习诸多知识，到头来却仿佛一无所获，甚至感觉什么都没有留下来呢？这背后其实隐藏着一个容易被忽视的问题：我们或许一直在进行一种假性学习。学习本身是一个复杂且多层次的过程，涵盖了输入、训练、内化和习惯等多个环节，然而，很多人却错误地将学习仅仅等同于单纯的输入，认为只要看了、听了、读了，便是学过了。这样的误解，往往导致我们学习到的知识只是短暂地停留在脑海之中，难以真正转化为自身的积累和智慧。

【解读】 小董怀揣着对知识的渴求和对未来的憧憬，踏上了培训之旅。然而，尽管他付出了不懈的努力，却总感觉自己并未取得实质性的进步和收获。

反思之后，小董意识到自己可能陷入了假性学习的泥潭。他发现自己虽然一直在不断地吸收信息，但却缺乏深入的思考和实际的运用，这导致他的学习成果总是停留在表面，难以转化为真正的知识和技能。

　　为了改变这一状况，小董开始调整自己的学习策略。他不再满足于仅仅记住知识点，而是更加注重对知识的理解和应用。他学会了提问、多角度思考，并尝试将所学知识运用到实际工作中去。

　　经过一段时间的努力，小董终于感受到了学习的乐趣和收获。他发现自己不仅能够更好地理解和掌握知识，还能够运用所学知识快速解决工作中的问题。同时，他也逐渐养成了良好的学习习惯，为未来的学习与成长打下了坚实的基础。

　　学习不仅是输入，更是理解和应用。只有当知识转化为个人智慧和习惯时，才算真正掌握。因此，要避免假性学习，注重学习质量和效果，反思学习过程，使学习成为成长的动力和源泉。

6. 沉淀知识促进深层学习

　　在《围城》一书中，有一句话让我印象深刻："当一个女生向一个男生借一本书的时候，只有傻子才会以为她只是借书。"低情商的男生认为这只是借书，可以被看作为浅层学习，而高情商的男生可以看透借书的目的，可以被看作为深层学习。

　　通过对比，可以发现浅层学习只解决眼前的问题而不懂得反思和抓住问题的本质，而深层学习则可以透过现象看本质，尝试从根本上解决问题。之所以要强调沉淀知识，就是为了让我们实现深层学习，帮助我们透过表象看到本质，逐步成为一位优秀的讲师。

　　很多讲师为了沉淀知识，会选择向过去学习，此时就需要做好三件事，如图 1-22 所示。

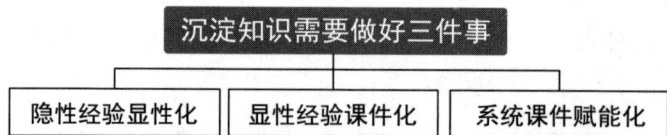

沉淀知识需要做好三件事

| 隐性经验显性化 | 显性经验课件化 | 系统课件赋能化 |

图 1-22　沉淀知识需要做好三件事

　　（1）隐性经验显性化。将自己多年的经验进行复盘萃取提炼，形成看得见的案例、模型、表格或工具。

（2）显性经验课件化。将提炼出来的显性经验进行课程设计，形成可传承的课件，即系统化、非碎片化的课件。

（3）系统课件赋能化。将躺在课件里面的知识、技能等通透教学进行一对多传播，把多年积累的经验无限放大，进行批量复制，为企业赢得短暂的规模效益。

7. 把复盘萃取从习惯上升为理论

如何让自己的培训工作越发精进卓越？这既是一个需要在实践中不断探索与学习的课题，也是一个亟待解决的挑战。而在此过程中，最为行之有效的手段莫过于复盘萃取。简而言之，复盘萃取即是对每一次培训活动所积累的经验与不足进行全面梳理，进而提炼出有价值的内容，并将其融入后续的培训实践中。

作为一名肩负教导、引导学员重任的讲师，更应将复盘萃取视为一种常态化的习惯，不断用经过沉淀的知识来丰富和提升自己，从而以更加充实和专业的姿态，引领学员们共同迈向更高的成就。

很多优秀的人都不希望知识的传播在自己这里截止，而是希望复盘萃取把自己过往的经验上升为理论，接着把理论进行复制推广，让更多的人受益，从而成就他人、满足自己，更好地达成自我实现。

8. 复盘萃取需要黄金圈思维

> 【解读】 我参与了一家企业的年底复盘会，企业 CEO 带领大家对上年度企业的战绩做复盘萃取，对下一年度的计划展开讨论。参会的对象有企业 CEO、财务部门负责人、各业务部门负责人、人力部门负责人，以及其他职能部门负责人。这家企业的文化比较务实，一切都要以结果说话。在各部门复盘时，我觉察到的问题不是各部门缺乏能力，他们的想法都非常好，关键在于信心不够，做得不够坚定，如果激励机制没有问题的话，那么问题很可能出在没有搞清楚初心是什么。

CEO 为什么那么坚定不移，因为他清楚"为什么"，知道"为什么"的人几乎能够战胜一切"怎么做"和"是什么"的问题，这是属于典型的黄金圈思维。"为什么"叫作理念与初心，"怎么做"叫作路径与过程，"是什么"叫作目标与结果，具备黄金圈思维的人就是具备 CEO 视角。如果说参与讲师培训工作是路径和过程，成为优秀讲师是目标和结果的话，那么成为优秀讲师的初心就是做好复盘萃取，实现知识沉淀。

9. 复盘萃取是开发课程的关键环节

讲师非常重要的一项技能是把实践经验课程化，这标志着讲师的经验朝着体系化迈出重要一步，在开发课程时可以参考一个简易公式：课程开发 = 三本书籍 + 三人小组 + 三次复盘。

（1）三本书籍。三本书籍会保证你的课题是有理论基础和框架的，切忌照搬，可灵活引用（用神不用形）。

（2）三人小组。它指的是同一个课题不要自己开发，三个有相关经验的人集体研讨开发为宜，三人成师，这样可以避免一个人闭门造车。

（3）三次复盘。课程中的案例一定是自己的，框架可以借鉴他人的，至少要试讲过三次，好课程一定是上课上出来的。

10. 沉淀知识有利于人才复制

企业的发展需要源源不断的人才，那么人才复制就是企业重中之重，然而想要实现人才复制，就需要把过往的成功经验经过提炼总结成标准化教材，之后进行人才批量复制。

【解读】 有一个比较典型的企业案例，其大致步骤如下。

（1）聚焦问题。召集全国做得最好的店长 40 名，让他们列出做好店长需要解决的关键问题，对这些关键问题进行归纳总结整合成 10 个关键问题。这 10 个问题做好了，店长的工作也就完成得八九不离十了。

（2）课题开发。将这 10 个关键问题作为课程开发的主题平均分给 40 个店长，组成小组开发教材，把其中案例和细节做细，做成标准化教材。

（3）批量复制。全国开展培训班，进行规模化复制，在复制过程中进行教材的迭代，要想升级为店长，必须通过本课程的评审与认证。

11. 昨天的事情可以成为今天的案例

知识沉淀不一定局限于理论，还可以聚焦于实际案例，只要认真回顾与考量，就可以让昨天的事情变为今天的案例。优质案例应该具备的特点，如图1-23所示。

图1-23　优质案例的特点

（1）完整性。优质案例一定有背景、经历、过程、结果及结尾，阐述案例要力求内容完整，案例都是在一定背景下发生的，离开了具体背景讲述案例中的做法和行为都会有一定的局限性。

（2）冲突性。案例是否精彩，关键在于有没有冲突性，一波未平一波又起，连续的冲突性会让学员注意力高度集中，冲突就是需要解决的问题。

（3）两面性。案例有正面案例和反面案例，往往反面案例比正面案例更有价值，但是由于企业文化及环境原因，很多人不愿意揭开自己的伤疤，反而去讲那些成功案例。可以说成功和失败是一对孪生兄弟，有成功必然有失败。

12. 沉淀知识需要触及复盘的本质

很多讲师的复盘流于行为层面，并没有触及复盘的本质，复盘是向过去的经验学习，在我们进行复盘的过程中，针对复盘中会出现的问题有以下建议。

（1）都是参与者。如果是团队复盘，尽量保证成员都是事件的参与者，让没有参与事件的人来复盘，他会感觉和他没关系。

（2）事件的一致性。对事件的还原要用心，保证大家讨论的是一件事，这就要求平时做事就要留下痕迹，如视频、图片、文字、表单等。

（3）要有方法论。做任何事情都有方法，复盘也是，做复盘也要有章法，团队如何从过去的实践中挖掘出更大的智慧，甚至探索出更多新的创意，这需要方法论的支撑，否则现场就会乱成一锅粥。

（4）要有行动计划。复盘后的成果要能指向行动，行动计划要落实到具体人头，要有承诺、有检查、有激励。

13. 优秀讲师要摒弃限制性信念

其实很多人都具有成为优秀讲师的能力却不能表现出来，但是在接受鼓励后便可以走出自己的局限范围，从而自信地走上讲台成为优秀讲师。事实上，只要有能力、有信心，就有机会成功。关于限制性信念，有以下几点内容。

（1）戴着滤镜看世界。我们的经验、知识和信念决定了我们看待世界的方式，在讲师成长的过程中，我们会在脑子中形成很多自我限制性的信念，比如"我不敢上台""我比别人差""别人会笑话我"等。这些信念可能都不是客观事实，而是我们内心为自己设置的障碍，突破这些障碍，我们就会打开新世界的大门。

（2）写下来才能真正理解它。你有没有尝试过，把你心中的限制性信念写出来，一旦写了出来，把隐性的东西显性化了，你会产生新的认识和理解。比如，有位学员说："晚上睡觉超过3小时是自私的行为""我应该一直不休息地去工作"。当这两种说法被清楚地表达之后，连自己都觉得难以置信，开始意识到自己对休息的不适只是一种感觉，没有任何令人信服的证据支持。

（3）生活有很多版本，尝试用不同滤镜看世界。如果你不能让自己彻底抛弃限制性信念，你可以想象一下，如果你有不同的、更积极的信念会是什么样子。如果你相信自己是聪明的，那么生活会有什么不同呢？仔细思考这些问题有助于你认识到自己的信念是如何阻碍你前进的，以及如果没有它们，事情将会是怎样的不同。

14. 经验萃取就是用成功复制成功

一个人只要从事一项工作，并且干了很多年，都会或多或少积累了一些经验，如果能把这些经验总结提炼出来并进行分享，既提升了个人的价值，又有利于组织的发展，这是件双赢的事情。我们以往的学习方式，大都处在向过去的经验学习。以往的经验既会帮助我们，也会制约我们，身为讲师对所有的经验要保持觉察。

作为一位讲师，若把一次培训做成功了，就要专门去分析为什么会成功，通过分析提炼出成功关键的因素，用于指导以后类似的工作。也就是说，经验萃取就是用成功复制成功。

第5讲　遇到边界问题该如何处理

讲师之所以能够成为讲师，主要原因在于其知识足够丰富，拥有快速处理突发问题的能力，但讲师也会遇到比较棘手的问题，比如讲师在授课过程中，最让人头疼的可能就是一些边界问题，一时难以准确描述所属领域与范围。因此，正确地处理边界问题，成为检测一位讲师能力的标准之一，所以很多讲师都致力于提高自己对边界问题的处理能力，下面介绍一些有效且实用的策略及方法。

1. 学会有意识与无意识对话

每个人最深刻的转变，莫过于心智与信念的蜕变。心智，这一复杂而神秘的领域，实则由意识和无意识共同构筑。有意识，如同心智的明灯，时刻进行着分析、评判与逻辑思考，它是个体注意力的核心所在，引领我们探索世界的奥秘。而无意识，则像是心智的暗流，操控我们的身体功能，从心跳到呼吸，无所不及。但它更是记忆的宝库，蕴藏着智慧、创造力与解决问题的能力，等待我们去发掘与利用。

作为讲师，我们可以尝试让有意识与无意识进行对话，以此激发无限的潜能。通过这种对话，我们能够更加准确地处理授课过程中遇到的边界问题，使得授课更加顺畅，课堂更有吸引力。通过深化对心智的理解，我们能够提升教学水平，帮助学员更好地掌握知识，引领他们走向更加光明的未来。

> 【解读】 讲师刘洋的授课风格比较传统，注重知识的灌输和机械的记忆。然而，她逐渐意识到这种教学方式无法满足企业培训的需求，也无法激发学员的学习兴趣和创造力。于是，她开始了自我反思和学习，不断深入了解学员的特点和学习规律，积极寻求创新的方法。
>
> 后来，她学会了将有意识与无意识相结合，通过营造积极的学习氛围、设计富有挑战性的学习任务，激发学员的自主学习和探究欲望。她引导学生发掘无意识中的智慧，鼓励他们勇敢面对挑战，不断探索和创新。
>
> 在刘洋的努力下，她的学员们不仅取得了优异的学习成绩，更在人际交往、团队合作、创新思维等方面得到了全面发展。她也因此获得了同事和领导的认可和赞誉。

2. 解决问题要用对方法

遇到问题难以解决，可以适当地从以往的策略中筛选可用信息，但是面对棘手的边界问题，讲师最应该做的是分析问题，并且对症下药。大多数的边界问题并非旧有的瑕疵，而是伴随着时下的情况出现的问题，如果用昨天的方法解决今天的问题，很有可能会出现解决问题的同时又制造出新问题。

> 【解读】 张经理遇到了一个棘手的边界问题：如何有效地协调不同部门间的合作，以确保项目的顺利进行。这个问题并非旧有的瑕疵，而是随

着项目进度和公司结构调整而新出现的。

张经理首先回顾了以往处理类似问题的策略，发现这些策略虽然在一定程度上有效，但并不能完全适用于当前的情况。他意识到，面对这种边界问题，简单地套用过去的经验是不够的。

经过努力，张经理最终提出了一套综合性的解决方案。这个方案既考虑到了各部门的实际情况和利益诉求，又充分考虑了项目的整体进度和目标。在实施过程中，张经理还不断根据实际情况进行调整和优化，确保方案的有效性和可操作性。

在面对棘手的边界问题时，讲师最应该做的是分析问题并对症下药。只有这样，才能找到真正有效的解决方法，避免在解决问题的同时又制造新的问题。

我们一直强调，方法要对应问题，但却不是一对一的关系，而是一个问题可以对应多个方法，并且最好有三个及以上。

应对问题时若只有一种方法，大多是陷入困境别无他法；应对问题时有两种方法，可能也会陷入困境，还会给自己制造左右为难、举棋不定的局面；应对问题时有三种方法，通常是因为有灵活的思维，甚至可以想到第四个、第五个方法，选择越多，往往越说明能力越大。

3. 最好的学习状态是达到"心流"状态

当一个人在学习的时候，如果他的能力强而面对的挑战弱，他会觉得无聊，进而影响专注程度；如果他的能力弱而面对的挑战强，他会因为受挫较多而觉得非常焦虑，进而影响专注程度。只有当他的能力和所面临的挑战难度在一个契合高度时，这个人也就比较容易进入高度专注、满足和愉悦的"心流"状态，在这种学习状态中的效率是极其高的。如何让自己进入"心流"状态，提高学习的效率，是每位终身学习者需要摸索的。

【解读】 甲乙丙是三位同时参与讲师培训的学员，他们来自相同的行业领域，但是个人经验及能力层次不同，甲有丰富的工作经验，个人能力出众；乙是初入行业的小白，个人能力较弱；丙个人能力居中。

在培训过程中，因为参与课程大多是熟悉却不精通的中等水平的学员，所以讲师便按照大多数学员能够接受的节奏进行授课。一段时间后，甲觉得课程十分无聊，于是不再参与；乙感觉难度太高，也不得不放弃；而丙却觉得收获满满。

正如案例中的三人一样，甲面对的挑战没有难度，甚至不算挑战，让他丧失了继续学习的欲望；乙面对的挑战难以跨越，大大打击了他的自信心；而丙面对挑战时，恰好进入了"心流"状态，所以得到了预想的回报。

4. 没有最终的答案，只有永恒的追问

在当今时代，许多讲师面临的困境并非知识的匮乏，而是如何有效整合碎片化知识，进而解决特定场景下的各种问题。问题的存在是永恒的，而知识则在不断地迭代更新。从起初面对问题却找不到答案，到逐渐积累知识找到答案，再到将答案内化为习惯，这一过程离不开持续地努力和不懈地奋斗。

面对层出不穷的边界问题，讲师应当勇于直面挑战，一次又一次地尝试与解决，而非寄希望于一劳永逸的终极解决方案。每一次与问题的相遇，都是自身成长与进步的契机，让我们在挑战中磨砺自己，不断提升解决问题的能力。

5. 独学而无友，孤陋而寡闻

讲师面对的是企业的员工，在成年人各种学习方式中，真正需要的是社会化学习，人人是讲师，人人是学生，学员可以向讲师去学，讲师也可以向学员去学，学员还可以向学员去学。处理边界问题，重点应该落在行动学习上，而社会化学习就是效果显著的一次行动。

社会化学习的步骤，如图1-24所示。

图 1-24　社会化学习的步骤

（1）课前输入。助理提前将学员的学习资料发给大家，监督学员完成课前的预习，保证学员带着对新知的理解和自己的想法走进课堂。

（2）团队共创。把学员分成若干小组，讲师不参与学员讨论，各组在组长带领下完成学习任务，大约20分钟。

（3）跨组关联。每个小组将研讨成果到其他组去轮流展示，其他小组负责"拍砖"，一般情况下，一个课题至少要经过三次"拍砖"。

（4）小组展示。每个小组展示经过其他组"拍砖"后的成果，其他组集体学习，查缺补漏，再次升级自己的认知。

（5）总结升华。讲师点评各组成果，把要讲的核心知识放在点评阶段完成，哪些需要删除，哪些需要添加，哪些需要重构，哪些需要解构，帮助学员完成知识真相的升华。

6. 学习成长是个永恒的话题

个人需要成长，企业亦是如此，任何一个企业如果不能进步，将会被淘汰、被遗忘。学习成长是一个永恒的话题，讲师在企业建设"学习型组织"中主要承担了三项任务，如图1-25所示。

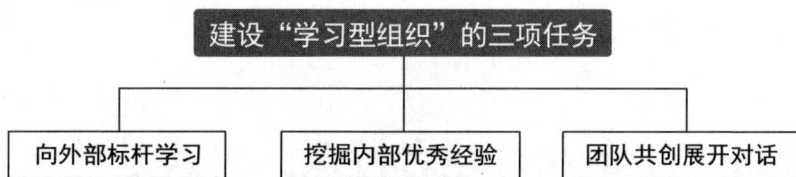

图 1-25　建设"学习型组织"的三项任务

（1）向外部标杆学习。向标杆学习要学其底层方法论，而不是学习皮毛。比如，很多企业到华为公司参观一天就叫学习了，或者是看到华为公司的狼性文化，就要学习其狼性文化，而忽视了其底层的价值观，以及分配制度。

（2）挖掘内部优秀经验。其实任何一个组织都存在经验的浪费，要找到组织内部的讲师，也要让讲师受到尊重，通过讲师让组织内部优秀经验自由流动并落地生花。

（3）团队共创展开对话。大量的管理者还停留在过去的时代，没有激发员工的参与意识和潜力，团队共创是建设"学习型组织"有效的方法。

7. 学习的最终效果是形成个人独到的理解

可以说，任何理论都难以完全照搬、无缝对接。讲师讲授的内容犹如一块朴实无华的"砖"，而学生则需要将这些"砖"巧妙利用，雕琢成熠熠生辉的"玉"，这正是"抛砖引玉"的精髓所在。

从哲学的视角看，世间并没有绝对的真相存在，仅有基于不同立场和视角的解读。只要这些解读能够说服自己、照亮别人，那么便可成个人独到的理解。需要注意的是，个人的理解需要通过实践去检验，而非仅凭个人的主观臆断。

面对问题，每个人都有自己独特的见解和与众不同的处理方式。作为讲师，在面对问题时，不要总是依赖于过去的应对方式，而是应该勇于尝试创新，提出解决方案。这样，我们才能在不断探索中，找到属于自己的发展之路。

第6讲 给企业管理者授课的模式是什么

企业培训的内容是广泛的、包容的，上到企业管理者，下到基层员工。

可能有人觉得企业领导已然处于很高的层次，并不需要接受他人的培训。这样的认知往往是片面的，学习成长是一个永恒的话题，无论是基层员工、优秀讲师，还是企业管理者，他们都应该接受培训，特别是企业领导，更应该走在企业的最前面。既然企业领导需要接受培训，那么讲师给企业领导授课的模式是什么样的呢？

1. 首要是明确"真问题"

很多讲师在为企业一把手授课的时候，为了加快速度、提高效率，会将时间主要花在讨论问题的解决方案上，实际上，我们应该将大量的时间放在探究什么是"真问题"上，对于管理者来说，一旦"真问题"明确了，解决问题便是一气呵成的事情。

【解读】 某知名企业首席执行官张某一直以来都以其敏锐的市场洞察力和独特的经营策略而备受瞩目。然而，近年来随着市场环境的不断变化，企业面临着前所未有的挑战，业绩增长放缓，员工士气低落。为了解决这些问题，他决定聘请一位优秀讲师为企业高层进行一次培训。

培训开始时，讲师并没有急于给出解决方案，而是将大部分时间用于引导张某及其团队深入探究企业当前面临的"真问题"。讲师通过一系列提问和讨论，引导大家反思企业的核心价值、市场定位，以及内部管理机制等方面是否存在问题。

经过一番思考和讨论，张某带领团队制订了新的企业战略和行动计划。他们明确了企业的核心价值和使命，重新定位了市场方向，并优化了内部管理机制。这些改变不仅提升了员工的士气和工作效率，也为企业带来了新的发展机遇。

对于管理者来说，明确"真问题"是解决问题的关键所在。只有找到了问题的根源，才能够制订出有针对性的解决方案，并顺利地推动企业向前发展。

2. 把真实场景迁移到课堂上

从学习到实践最大的障碍就是场域的不同，课堂学习是一个场域，现实工作也是一个场域，场域的不同导致课堂上学习到的东西很难迁移到实际工作中去用。因此，讲师在给企业管理者授课时，不妨把真实的场景迁移到课堂上，这样可以事半功倍。

如果讲师不能将真实场景迁移到课堂之上，导致学员不能很快地搞清楚知识与实际工作的关系，那么责任在于讲师，此时需要考虑讲师是不是能力不足，或者是对自己的能力缺乏信心。

3. 别人可以成为自己的镜子

对鸟儿来说飞翔是一个谜，对鱼儿来说游水是一个谜，对人来说自己是一个谜。人很难认清真实的自我，需要把周围的世界当成镜子，从镜子里看清真实的自己。我们不能容忍别人的地方往往就是不能容忍自己的地方，我们崇拜别人的地方通常就是崇拜自己的地方。

在课堂上，学员之间可以互为镜子，大多数学员的需求相同、处境相似，当大家在互动交流的时候，可以熟悉彼此，从而能够通过别人认识自己。

> 【解读】 在一次团队建设培训中，讲师让学员们互为镜子，通过观察和反馈增进相互间的了解。学员们分组围坐，分享工作挑战和生活困惑，发现大家有很多相似之处。接着，学员们互相观察和反馈，发现平时难以察觉的问题，如沟通急躁、表达不清等。此次训练让学员们不仅加深对彼此的了解，还认识到自己的不足，大家表示收获颇丰，既学了团队建设技巧，又更了解了自己。

4. 自然放松才是恰当的学习姿势

在培训的课堂上，总会有端着的管理者出现，这种情况会直接影响其他学员，使得他们觉得如果自己过于放松会不合群，久而久之，不仅学员与学员之间，就连讲师都无法了解真实的学员，这样会严重阻碍培训的进度。

讲师需要引导学员领悟学习之道在于自然放松，这才是最恰当的学习姿态。讲真话、论真问题、展现真实的自我，方能减轻学员们的学习负担，助力学习效果更加鲜明地展现。

5. 不要给自己设限

企业家相较于旁人，无疑是璀璨的明星，是企业杰出的领航者。然而，这些荣誉和成就只属于过去，企业家不应被昔日的辉煌所束缚，更不应满足于舒适的区域，而应勇敢地向前迈进，探寻新的疆界。

有时候，那些曾经的佼佼者之所以会失败，正是因为他们太过出色。从昔日依赖老板一人的智慧开辟疆土，到如今需要凝聚整个企业的集体力量共创辉煌。管理者们需要摒弃权威与中心化的思维，走向边缘，拥抱多元。这不仅仅是对企业模式的创新，更是管理者自我革新、自我否定、自我超越的勇敢尝试。

6. 要从多个视角看问题

大多数企业家喜欢用习惯的方式思考与行动，但是如果不能从新的视角看待问题，往往会因为认知片面而出现错误。

就像现在很多家长管教自己的孩子时，总是站在自己视角去判断孩子的行为，然而却不愿意站在孩子的角度考虑，忘记了自己也曾是孩子。一旦换个视角，就会减少很多不必要的分歧。

同样的道理，管理者如果只站在自己的立场考虑，不换位思考，那么这很有可能成为企业矛盾的源头。因此，讲师需要向管理者讲授从不同视角看待问题的重要性和关键性。

7. 提倡提问不提倡批判

谨言慎行是一种大智慧，一个能够管得住自己嘴巴的人往往是可以干大事的人。在授课的过程中，讲师需要向学员明确一个观点：可以提问，但最好不要批判。

在授课现场，讲师应该要求大家进行发散式提问，不要习惯性地给别人任何建议，放下个人评判。这就是要大家一起停止对过去经验的判断，和团队一道清空自己，以全新、深层的倾听打开内心，从不同的视角把握事情的全貌，让新的觉知从内在不断涌现。

8. 企业家缺乏的是灵商

优秀的企业家大都是拥有大智慧的人，他们不仅有智商、情商，更有灵商。智商是人认识客观事物，并用知识解决实际问题的能力；情商是人管理自己的情绪和处理人际关系的一种能力；灵商是灵感智商，是对事物本质的灵感、顿悟能力和直觉思维能力。相比于智商与情商，很多企业家缺乏的是明心见性的智慧，也就是灵商。

有智慧与没有智慧的区别就在于我们面对问题时，是处理外在的、表面的、人际关系的问题，还是反省自己，解决自身的个人成长问题，这就是两者根本的区别。

9. 优秀讲师是企业一把手的陪跑者

面对为企业一把手的讲师，应该做好三件事，如图 1-26 所示。

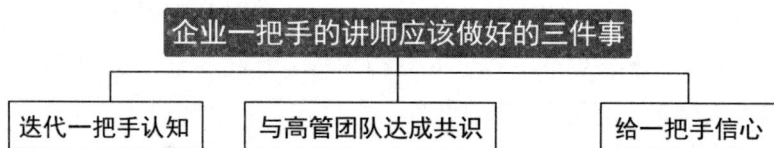

图 1-26　企业一把手的讲师应做好的三件事

（1）迭代一把手认知。企业一把手的成功就是他目前接受培训的最大的障碍，此时他容易听不进去讲师的不同建议。他能引领企业跑了前二十年，如果不进化认知，如何保证能持续引领？用前二十年的经验指导后二十年好像不太靠谱。

（2）与高管团队达成共识。企业一把手受外界影响认知发生了变化，可是自己企业里面的人都没有变，其中高管团队是火车头，如何把一把手的认知变成与高管团队的共识才是关键。这个时候，讲师需要走进企业，展开与高管团队的对话，敞开心扉，团队共创，生发智慧，把企业一把手的想法切切实实变成每个高管内心认可的行动计划。

（3）给一把手信心。企业一把手认知改变了，高管也达成共识了，在组织变革过程中肯定会遇到这样那样的阻碍和问题，能不能坚持下去是个很大的问题。企业一把手也是人，他也会退缩，如何在恰当的时机给予企业一把手坚持下去的信心是讲师授课的使命。

10. 优秀讲师要有内观力

在讲师的群体里，真正优秀的讲师可能不多，但是大多都有一个典型的习惯，那就是"内观力"。什么是内观力？

（1）内观力就是反省自己。许多人遇到问题都会向外找原因，不愿意检讨自己，经常是自欺欺人。凡事向内求是一个人成熟的标志，也是一个人走向成功的开始。

（2）内观力就是看透本质。很多人做事都是在表面打转转，被各种现象所迷惑。心理学认为，外面的像都是你内心的投射，电影院的电影再好看，都是投影源投射过去的，这个投影源即是本质，它蕴含着创意和初心。

（3）内观力就是找到源头。哪个人做了什么对不起你的事，哪个人又惹你生气了，哪个人又让你看不顺眼了。这个世界，外面没有别人，只有你自己，你看到的都是你自己而已。

11. 不同管理层次的思维分类

位置越高，思维变换越重要。身为企业一把手，始终要重视自身思维的转换。思维可以按照不同的维度分为不同的类型，这里我们依据管理层次来划分思维的类型，如图1-27所示。

```
┌─────────────────────────┐
│   不同管理层次的思维分类    │
└─────────────────────────┘
      │         │         │
┌──────────┐ ┌──────────┐ ┌──────────┐
│  直线思维  │ │  曲线思维  │ │  U型思维  │
└──────────┘ └──────────┘ └──────────┘
```

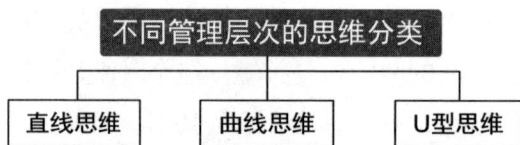

图 1-27　不同管理层次的思维分类

（1）直线思维。直线思维是指由 A 直接可以推导出 B，类似数学里面的四则运算和乘法口诀表，通常都会有比较标准答案，这类思维属于基层员工思维。比如，员工认为老板给我多少钱我就干多少活，老板觉得你干多少活我就给你多少钱。如果陷入直线思维，这家企业就很危险。基层员工做事情，通常有非常成熟的制度和流程去指引，基本不需要怎么去思考，听话照做就行了。

（2）曲线思维。曲线思维是指由 A 要想推导出 B，中间会有多种可能性，需要团队成员去探讨、交流、碰撞、共创才能得出比较适合本企业的方案。这个过程有时比较漫长，需要反复讨论和研究，最终得到一个次优解来代替最优解。企业中高层管理者的思维基本属于这种。很多事情没有标准答案，需要上会与各部门协作沟通讨论，需要打破部门墙，进行信息共享和碰撞，走出自己部门的狭窄视野，最终站在更高维度去看问题。

（3）U 型思维。U 型思维是指企业一把手具有的思维，一把手的思维就是企业思维的天花板。从企业发展动态的视角来看，在完成前半段曲线之后，企业一把手必然要下潜到谷底，然后从谷底反弹上去，才能迎来后半段曲线的开始。穿旧鞋走老路，永远到不了新地方，卸下以前的包袱，才能轻装上阵。

12. 优秀讲师勇于重新定义

真正进步的人，每天都在颠覆自己。在社会上，人们被各种各样的事物所束缚，父母望子成龙的期盼，学校条条框框的校规，社会上各种各样的规则……这些为我们画上了一个又一个框架，我们待在这些框框里按部就班地重复着三点一线的生活。

　　而重新定义就如同打破了这些框架，摆脱掉束缚着我们的条条框框。告诉我们没什么事情是不可以。重新定义这个词仿佛有一种魔力，似乎所有的一切，都能被重新定义，讲师可以尽情发挥自己的创造力，去追求自己向往的生活，去挑战不可能，去创造奇迹，这就是重新定义的勇气。

第二章

讲师如何陪跑企业经营管理

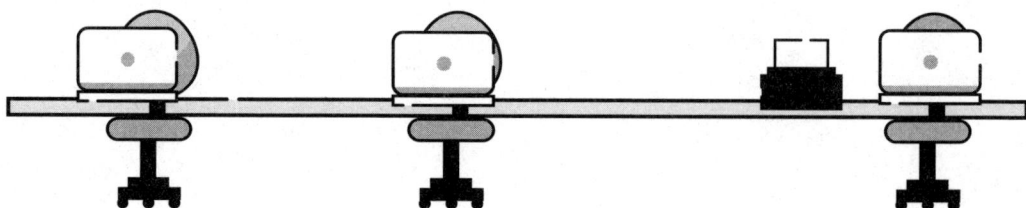

企业发展离不开经营管理，但经营管理说起来容易做起来难，很多企业家其实并不真正明白企业应该如何经营管理。建设优质企业任重而道远，为了加强企业经营管理力度，不少企业家都将希望寄托于讲师的身上，希望讲师能够为企业带来有用的知识与技能，当然，优秀的讲师是不会辜负企业家的美好期望。

想成为一名优秀的讲师，不但需要为企业的经营管理花费精力与时间，同时，也需要对学员的一些疑问进行解答。

学员：为什么很多企业家都十分重视经营管理，但却将传授知识与技能这么重要的工作交由讲师呢？

讲师：因为企业的经营状况和管理策略关系到收益情况，没有收益，企业就难以生存。企业家之所以将重任交由讲师，这不是盲目地相信，而是基于讲师有丰富的传授经验，能够为企业带来有用的知识与技能。

学员：那么企业家在经营管理过程中需要明白什么呢？或者说，需要将精力放在哪里呢？

讲师：真正成功的企业往往有自己的企业文化，也知晓企业在经营什么，并且，企业经营的方法、企业经营的案例和企业管理的工具都是企业家需要知晓的内容。

从上述的师生对话中，我们可以了解到优秀的讲师和智慧的企业家都有相同的认知，他们都知晓经营管理对企业发展的重要性。一个企业想要实现良好发展，做好经营管理，就需要有自己的企业文化，探索经营的本质，掌握企业经营的方法、了解经营的案例和管理的工具。

第7讲 企业文化对企业到底有多重要

优秀的企业之所以会在行业内长期屹立不倒，是因为经过不断地经营和发展后逐渐形成独具企业特色的文化倡导和价值取向，这就是属于企业自身的文化。企业文化是企业的灵魂，是企业发展的核心驱动力，在企业经营管理中发挥着无法取代的作用。诸多企业的发展表明，一个企业之所以可以饱经风霜而屹立，关键在于拥有激励人心的企业文化，因企业文化的存在，企业的发展也会更有底气，下面我们将深入讲解企业文化的魅力。

1. 什么是企业文化？

很多人对企业文化的重要性认知只停留在观点层面，因为大家都说企业文化很重要，所以我也认为它很重要，但是却没有真的了解什么是企业文化。讲师如果不知道企业文化是什么，就没有办法依托企业文化作培训，所以我们需要认识什么是企业文化？

（1）企业文化就是故事。它是企业发生过的所有故事的总和，是流传在员工脑袋里面久久难忘的事。

（2）企业文化是企业领导的行为。企业文化源于行动，源于企业领导的身体力行，不管设计出了多么精巧的文化体系、多么审慎的规划，都无法避免崩塌。

（3）企业文化体现在每个员工的所作所为中。企业文化不是单一的某个决策，而是渗透在无数个事件中，和每个员工的动作中，随时间缓慢释放影响力的一套行为准则。

2. 企业文化是企业的灵魂

小型企业运营依赖于情感的纽带，中型企业则依赖于严谨的制度体系，而大型企业则凭借深厚的文化底蕴引领前行。一个稳健发展的企业，必定拥有自己独特的文化内核，它不仅是企业特色的象征，更是员工工作行为的指南。

对于讲师而言，为那些拥有鲜明企业文化的企业组织培训活动，往往能够有条不紊、节奏分明。因为在这样的环境中，讲师可以依托既有的企业文化框架，明确培训的方向与目标，避免陷入迷茫与焦虑的境地，让培训工作更加高效、精准地推进。

3. 有信任才能有文化

企业是由人组成的，人与人之间有一种看不见的东西叫关系。在企业的各种关系中，上下级之间的信任关系尤其重要。很多时候，员工离职就是不愿再看上级的脸色。被管理者最需要管理者对他的信任，反过来说，管理者其实也非常需要被管理者对他的信任。

世界上本没有路，走的人多了便成了路。企业原本没有文化，坚持某一原则的时间久了便成了企业文化。形成企业文化的重要核心所在就是说到做到，让心中所想、嘴上所说、行为所做趋于一致，这样才能让彼此信任，有了信任就有了文化，否则都是暂时性口号。

所以，作为企业管理者，你管理、吩咐的事情，如果你做不到就不要说，能够做到什么程度你就说到什么程度。或者说，你说到什么程度就必须做到什么程度。

4. 沟通水平影响企业文化的形成

管理是关于人的管理，组织是由人组成的，绩效是靠人做出来的，因此，所有的管理问题，都是某种形式的沟通问题。换句话说，团队的沟通水平决定了企业文化的形成，以下四种对话模式暗示了企业四种沟通水平。

模式1：你好吗？

——我很好。

模式2：你好吗？

——不好。

模式3：你好吗？

——说不好，那你呢朋友？

——我也说不好，我也有一种不自在的感觉。

——哦，是吗？有意思，说说吧，都发生了什么？

模式4：你好吗？

——不太好，我有一种被割裂的感觉。

——我也是，我们一起和这种感觉待一会吧，看看它想告诉我们什么。

通过以上四种对话模式，我们可以发现，模式1是客套的交流，简单而疏离；模式2是经历了磨难，但是没有分享欲望；模式3是热情的沟通，也有事后的讨论；模式4则是对困难和挑战有着共进退的信念。如此看来，前两个模式的沟通注定对企业文化形成没有什么帮助，后两个模式下企业可以形成文化，但明显模式4的文化更吸引人，也更有魅力。

5. 企业文化是企业的神经系统

作为讲师，我们服务的对象都是企业。严格来说，服务的对象是企业里面的员工，企业是由形形色色的员工组成的，这些员工在一起协同合作整合资源帮助企业去创造绩效。

优秀的企业所有员工合体会像一个员工一样灵活，如果把企业比喻为一个人的话，其实企业战略就是他的大脑，组织架构就是他的骨架，企业文化就是他的神经系统，看不见摸不着，但是在发挥作用，而员工就是企业的血肉，在血肉之下是一条条神经。也就是说，没有企业文化的指引与操控，员工的工作就会没有感情，那么企业这具身体与行尸走肉又有何区别呢？

6. 企业为什么要培训

表面上是产品或者服务在帮企业赚钱，实质上是生产产品和提供服务背后的知识在帮企业赚钱，企业创新的本质在于背后知识的创新。从培训的角度来讲，提高企业绩效的路径只需以下三步。

（1）经验萃取。找到企业20%的业务精英，把他们身上的东西挖掘出来形成案例集。

（2）课程开发。将这个案例集加工成可以传授的课程，请记住不是碎片化分享，而是成体系的标准化课程，这样才能保证传承的不走样和一致性。

（3）赋能培训。拿着这个课程，培养一批内部讲师去传播，去复制这个课程，让优秀的人去复制更优秀的人，对新晋小白进行全面赋能。

看得见的是绩效，看不见的是成长，只有员工成长了才是企业业绩长青的基石。可以说，经验萃取 + 课程开发 + 赋能培训 = 绩效的提升，企业培训的目的大抵如此。

7. 管理咨询与企业培训的区别

管理咨询是根据企业管理中遇到的实际问题，结合企业规模、业务模式、企业文化、发展阶段、外部环境等；会通过一对一访谈、问卷调查、座谈等方式进行调研，寻找企业问题根源；针对实际问题设计解决方案并辅助实施，过程中会伴有对企业管理人员的培训。管理咨询针对性强、辅导项目落地，以项目最后呈现结果为导向，它的作用对象主要是"事"。

企业培训是根据企业需求，确定培训目标，组织培训内容，设计教学形式，让学员通过听觉、视角来接受知识、经验、技能的过程。企业培训是结合讲师的知识与技能，以传播经验为主要目的，它的作用对象主要是"人"。

管理咨询与企业培训本质都是为了企业更好地解决问题，所以讲师只需要明确什么是管理咨询、什么是企业培训即可。未来，管理咨询与企业培训的界限将越来越模糊。

8. 老板是塑造企业文化的关键

执行力的定义是：有结果的行动就是执行力。如果老板的战略没有问题，就是员工的执行力不行，说一套做一套根本不听老板的，其实这就是老板领导力的问题。世界上本来没有文化，坚持一件事情久了就有了文化，老板的一言一行久了也会塑造企业文化，有什么样的企业文化，自然就有什么样的员工。

很多员工没有想明白，应付的不是工作，而是自己的时光。当你知道自己往哪里走时，全世界都会给你让路，员工内心并不明白工作的意义是硬伤。

按照工作的积极性，员工可以大体分为三类：第一，推也推不动。永远不要叫醒一个装睡的人，这类员工怎么推也不动；第二，推一下动一下。属于半责任心状态，这类员工推一下动一下；第三，积极主动。内心已经找到了工作的意义，这类员工属于高潜员工，会超额完成工作。

业绩的背后是团队，团队的背后是文化，文化的背后是心态，讲师培训员工时，不仅要培训对方的知识与技能，还应该包括一个重要的内容，那就是心态。

9. 向优秀的企业学做企业

一般情况是，小企业向大企业学，普通企业向优秀企业学，总结起来，我们向优秀企业学习应该重视三点，如图 2-1 所示。

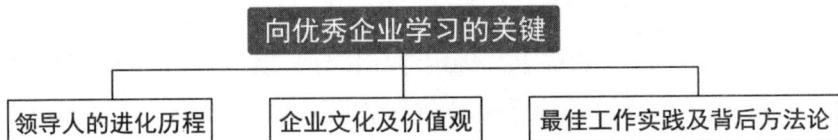

```
        ┌─────────────────────┐
        │   向优秀企业学习的关键   │
        └─────────────────────┘
    ┌───────────┬───────────┬───────────┐
┌────────────┐ ┌──────────────┐ ┌────────────────────┐
│领导人的进化历程│ │企业文化及价值观  │ │最佳工作实践及背后方法论  │
└────────────┘ └──────────────┘ └────────────────────┘
```

图 2-1　向优秀企业学习的关键

（1）领导人的进化历程。老板就是企业的天花板，企业的发展就是老板不断变革进化的过程。作为企业的大脑，老板指挥着企业的"千军万马"，老板的思想版图有多大，企业就有可能做多大。一般来讲，企业老板会沿着商人、老板、企业家、精神领袖的路径去进化。这里的老板特指企业一把手。

（2）企业文化及价值观。企业文化是企业的灵魂，它在无形地影响着企业的做事方式和行为方式。什么事该做，什么事不该做，都是由看不见的价值观在做选择、在做决策。没有文化和价值观的企业犹如一个人没有精神，就像一具行尸走肉，是成不了大气候的。人无立志不成才，企业无使命不发展。

（3）最佳工作实践及背后方法论。了解领导人的成长历程、企业优秀的文化及价值观这两项隐性的东西后，再去学习对方的工作做法和方法论，才称得上真正的学习。否则就是学了个皮毛，学了个外形而已，没有学到精神内核。学其神，用其形，形神兼备，方才学到。

需要注意的是，工作实践和方法论是外显的，是大家容易看得到的，领导人的进化和企业文化是内隐的，是不容易看见的，而恰恰是那些看不见的东西在起关键作用。

10. 决定企业走向成功的关键要素

很多人都在做企业，都想做成功企业，那么就不得不思考一个问题：决定一家企业最终走向成功的关键要素到底是什么呢？机制确保了团队执行力，人才确保了团队战斗力，文化确保了团队凝聚力，这三样缺一不可的，如图 2-2 所示。

（1）机制。一家企业要想成功，必然要从"人治"走向"法治"，从依赖某几个"个人英雄"走向依赖"群体英雄"，从"偶然成功"走向依靠机制的"必然成功"。企业不要培养更多的"警察"，而是要学会建立更多的"红绿灯"。门从哪里开，人就从哪里走，企业靠制度管人、靠流程做事。可以说，制度和流程确保了团队高效的执行力。

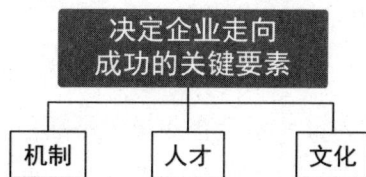

图 2-2　决定企业走向成功的关键要素

（2）人才。企业最宝贵的是人才，资源应围绕人才转，以产生最大绩效。企业内有管理与技术两种晋升路径，管理岗薪资通常较高，技术专家常在此徘徊。企业竞争的核心是人才竞争，人才是企业发展的动力，无人才能动性与创新性则无发展与创新。企业经营者应重视人才问题，布局人才，释放人才活力，以实现高质量发展。

（3）文化。资源会枯竭，但文化生生不息，其核心在于价值观。新员工进入企业，只需专注客户与工作，待遇与发展自有安排，无须担心站队或选择上级领导，此文化氛围下，员工必能有所作为。当价值观被认同，它便成为黏合剂，凝聚企业成员，形成强大力量，员工因此产生认同感，既为企业贡献，又展现自我价值，形成向心力和凝聚力，这是企业文化为企业带来的力量。

第 8 讲　企业经营的本质是什么

企业靠什么生存，或者可以这样问，企业将生存押宝在什么之上？那必然是经营，不懂经营的企业就像没有思想的躯壳，不需要行业的竞争压力就会自动散落。想要正确的企业经营，首先需要明确什么是企业经营的本质？在我看来，经营企业的本质就是企业现有的内外部资源，通过合理地使用这些资源为企业创造价值。搞清楚企业经营的本质后，下面就是了解相关的经营理念。

1. 优秀的领导者更是好的提问者

要问企业运营的核心人物是谁，答案必定是那些高瞻远瞩的领导者。他们凭借自身的智慧和力量，引领企业员工不断前行，为企业源源不断地创造价值。优秀的领导者，更是出色的提问者，他们擅长用问题点燃下属的思考火花，助推其不断成长，远胜于直接给出一个现成的答案。

在这个瞬息万变的时代，身处高层的领导者往往难以像一线员工那样敏锐地捕捉到市场和客户需求的变化。因此，提问成为了领导者洞察情况、精准授权的得力方法。通过巧妙提问，领导者能够较深入了解企业运营的各个环节，确保决策的正确性和高效性。

因此，一个优秀的领导者，不仅要有高瞻远瞩的战略眼光，更要掌握提问的艺术，以此激发员工的潜能，推动企业的持续发展。

2. 领导者的思考不能外包

很多人认为，我做老板，我有管理权，只需要坐着管人就好。但是，如果思考也外包的话，老板就只能成为一个缺乏智慧的空壳。作为一个企业的领导者、管理者，基本比所有的员工都要早一些接触企业所在行业的信息，所以，没有人比你更了解你的企业，不要老是让别人代替你思考，告诉你该如何经营好自己的企业。

> 【解读】 郭某生活在一个富裕家庭，由于从小都被"他只靠爸妈"裹挟着长大，所以在步入社会后，他一直想要证明自己，于是从父亲手里借走一笔资金去外地创设公司。因为资金充足，所以开办公司、招聘员工、引进技术、购入设备等工作都十分顺利，让郭某觉得做企业很容易，只要钱足够，自己完全可以轻松赚钱。
>
> 在公司开始经营后，郭某为了获得更高的利润，让那些不认可他的人刮目相看，便高价从对手公司挖来一个优秀的人才赵某。自从赵某进入公司后，郭某发现了他的能力很出众，于是便把公司大大小小的事都交由他来处理，包括思考企业要向什么方向发展、怎么发展等关键性问题，自己便开始了舒心的旅游生活。
>
> 开始的时候，赵某会向郭某及时汇报工作情况，询问对方的意见等，但是郭某都是敷衍了事，后来更是对公司的事情不闻不问。在一年后，郭某的公司深受对手公司的打击，导致入不敷出，其父亲派人去了解企业的实际情况，才发现赵某在大家不知情的情况下将企业的诸多核心技术偷偷告知了对手。经过仔细了解，才发现郭某在经营企业的时候，根本没有自己思考，而是将企业经营的工作交给了赵某，这才给了对手可乘之机。

3. 企业突破和创新的源头

俗话说，打通任督二脉，这任督二脉指的是那些在集体心智中平时我们很少去觉察和审视的区域。企业突破和创新的源头就是我们的盲区，这个盲区包括两大区间：

（1）我们不知道我们知道的东西。组织在长期运行过程中形成的集体潜意识，组织外面的人看不见、摸不着，但组织内部的人习以为常而不自知。

（2）我们不会知道我们不知道的东西。其中一部分是我们以为已经想清楚但实际是不清楚的，另一部分是我们以为有共识，但实际上还没有共识，需要我们进一步地探索和沟通。

4. 将目光放在问题背后所隐藏的机遇上

世上没有完美无缺的企业，只有不断追求卓越、持续进步的企业。企业在发展道路上难免会遇到各种问题和挑战，但关键在于企业家如何面对和解决这些问题。若企业家将注意力过分集中在问题上，问题往往会层出不穷，难以根治。

相反，只有当我们把眼光放在问题背后所隐藏的机遇上，更多地发掘和把握机会，而非沉溺于问题的泥沼中，企业才能实现真正的发展。只要企业保持不断前进的步伐，许多矛盾和难题在发展的过程中自然会迎刃而解。

然而，如果企业停滞不前、原地踏步，那么矛盾和问题只会越积越多、越积越深，最终成为阻碍企业成长的绊脚石。经营企业就是要引导企业朝着积极向上的方向迈进，当问题出现时，我们无须过分忧虑，因为问题的存在并非全然坏事。

实际上，问题的出现往往伴随着潜在的机遇，有可能会为企业带来意想不到的惊喜。因此，我们应该以积极的心态面对问题，发掘其中的机遇，推动企业不断向前发展。

5. 跳出传统的层级结构

在这个开放的时代，个性飞扬的时代，老板和高管的关系、高管和员工的关系，不再是雇佣关系，而是联盟关系、伙伴关系。

员工给企业打工，不仅仅是给老板卖力，也是为自己而努力。在这种相互促进的环境中，企业可以发展，员工也可以发展；企业可以盈利，员工也可以获利。企业和员工是一个双赢的局面。

在培训时，唯有跳出传统的层级结构和僵化的组织边界，才能撬动天下资源，内外人才为我所用，打造一个无边界的新型组织。

6. 管理的本质就是激发人的善性

对企业管理者而言，企业经营便是妥善管理员工，然而如何成为一名合格的管理者，却是一门必修的学问。管理者需具备敏锐的洞察力，能够发掘并欣赏员工的优势，而非仅仅局限于纠错。须知，每个人皆具光明与阴暗两面，正能量与负能量并存。若一味聚焦于不足之处，只会让人日渐消沉，陷入颓废之境。

管理的精髓，正在于激发员工的善良本性，借由具体事务磨炼人的品质，通过表面现象探寻真理，最终实现个人价值的完美展现。在这一过程中，管理者需保持一颗包容与欣赏的心，让员工在宽松和谐的环境中茁壮成长，共同书写企业发展的辉煌篇章。

7. 打开成功的枷锁

在企业经营过程中，我们可以将企业家的任务视为有交叉的两条曲线，这两条曲线分别代表了企业的短期和长期发展目标，即财务曲线和价值曲线。大多数企业家没完成第一条曲线就夭折了，少数企业可以完成第一曲线，极少数企业家可以打破自我，完成第二条曲线。

两条任务曲线的交叉点就是企业家的成功，到达交叉点后，企业家有三个选择，分别为站在交叉点上不动、走向另一条曲线、回到原来的曲线。

（1）站在交叉点上不动。站在点上原地不动的企业家可能是在思考成功，可能是在享受成功，他的脚步是停滞的，没有打开成功的枷锁。

（2）走向另一条曲线。走向另一条曲线的企业家已经打开了成功的枷锁，开始追寻下一个成功。

（3）回到原来的曲线。回到原来曲线的企业家已然被成功的枷锁所困，曾经取得的成功变成了他继续前行的阻碍。

企业经营是一项持续不断的任务，如果不能打开成功枷锁，企业家就没有办法完成持续性的工作，那么企业就会慢慢衰亡，直至消失或者企业家醒悟。

8. 组织结构理应改革升级

企业组织结构的建立就是为了解决问题，但是，当组织规模增长到一定程度，效率就会降低，组织效率的提高又依赖组织规模的壮大和能力的提升。当已有的规则对效率和能力形成制约，就需要变革。因此，未来企业要适应市场的变化，一定是从组织结构上进行自我改革和升级。

【解读】　某科技企业面临组织效率下降、创新能力受限等挑战，企业决定改革升级组织结构。该企业原采用职能制结构，沟通不畅、协作低效，决策流程冗长，市场响应慢。

为改变现状，企业引入扁平化、柔性化结构，精减管理层级，加强部门协作，实现资源共享和优势互补。同时，培养员工自主性和创新性，鼓励跨部门交流，建立激励机制。改革后，组织结构得到优化，协作紧密、沟通顺畅、效率提升、创新能力增强，推出了多款市场竞争力强的新产品。

该企业主动通过改革适应市场变化，将继续深化组织结构改革，优化内部管理流程，为企业发展注入新动力。

9. 发展人就是在发展企业

我们强调，人是企业的终极问题，任何生意归根结底都是人干出来的，任何组织也都是由人组成的，所以，发展企业也就是发展人，发展人就是在发展企业。

尽管企业遇到的问题各有不同，但是将其归纳总结后就会发现，真正的问题都是如何吸引人、激励人和发展人的问题，因为问题由人的行为组合产生，也将由人的思考和行动解决。

10. 拥抱适度的模糊与混沌

如今商业环境日新月异，员工的职责和组织架构都在经历快速的碎片化。若我们仍坚守刚性的规划，则必然会牺牲对外部变化迅速作出反应的能力。比如，要想成为一名具备远见卓识的首席财务官，我们必须勇于拥抱适度的模糊与混沌。

世事难料，绝对性的规划往往会束缚员工的创造力与自由，相反，设置一个模糊的边界和标准区间，既给予员工足够的空间发挥自我，又不会让企业陷入混乱。这样，员工便能在可控的范围内尽情施展才华，为企业的稳健经营贡献力量。

11. 管理是科学也是艺术

从事的角度来讲，管理是一门科学，要有流程、制度、体系、软件、技术等；从人的角度来讲，管理是一门艺术，要有弹性、有可变性，因为人性是复杂多变的。

企业管理的无非就是人和事，领导者无须纠结管理到底是科学性多一些，还是艺术性多一些，只要做好正确的经营，与企业适配的占比自然会慢慢浮现。

12. 企业经营要重视沟通

企业的内核是沟通，尤其是服务型企业，人与人之间的沟通是最大的成本。企业是人的叠加，人是靠各种关系叠加在一起的，关系是靠沟通决定的。因此，沟通方式、频次、效果决定了企业的面貌。

企业家在经营企业的时候，可以适当地将目光分一些在内部沟通上，可以通过调整沟通的方式和频次来影响沟通的效果，促进更好经营的同时提高员工的做事效率。

> 【解读】 某旅游服务公司，核心业务为提供高质量旅游服务，员工团队庞大、组织结构复杂。随着规模扩大，内部沟通问题显现，影响工作效

率和客户满意度。

为解决问题，管理层进行内部沟通调研，发现沟通渠道不畅、信息传递不及时、效果不佳等问题。基于调研结果，公司制订优化方案：建立统一沟通平台（企业微信、内部邮件、在线协作工具），规范沟通方式和频次（每周召开部门会议、每月召开全员大会）。鼓励开放、坦诚沟通，管理层积极参与听取意见。

实施后，内部沟通不畅渠道的问题明显改善，员工协作更紧密，信息传递更畅通，效率提升。客户满意度大幅提升，业务稳步增长。

优化内部沟通对提升服务型企业效率至关重要。企业家应重视内部沟通建设，调整方式和频次，提高效果，推动企业发展。

13. 企业进步离不开新视角

不要倔强地只从一个视角看待问题，在锤子的眼里什么都是钉子，我们不是没有意识的锤子，而是可以灵活变动的鲜活生命体，所以不要被视角局限了自己的思考。

如果从知识的角度观察企业的管理方式，我们就会发现一个神秘的世界，主流管理理论那些基于数据、信息、分析和推断的战略，往往忽视了一个重要的要素，即冰山之下组织的隐性知识，蕴含着组织深层次的文化基因和价值观信仰，昭示认知深度的难以描述的混沌之处，却恰恰是企业生机萌发的战略关键所在。

14. 企业不应该满足于平均水平

企业家经营企业，不仅需要悉心照料眼下的运营，更应悉心筹划未来的辉煌。若仅局限于眼前的成就，企业的成长道路将陷入黯淡无光的困境，没有崇高的梦想，又怎能踏上远方的征程？

企业绝不能满足于平庸，而应志在超越，努力向行业内卓越的10%企业看齐。唯有树立这样的远大目标，方能确保企业在追求卓越的路上持续进步、不断优化。企业家内心的思维边界有多宽广，企业的外在成就便有望同样辽阔。

15. 经营企业就要经营知识

很多人或许会困惑，为何有些企业在业界已经独领风骚，却依然热衷于员工培训呢？毕竟，它们已是行业翘楚，员工也堪称佼佼者，再增加培训岂不是在饱和之后的无谓之举？然而，事实并非如此。即便是在文学领域声名显赫的大师，也不敢妄言自己已掌握世间所有知识。优秀的个体尚有进步空间，更何况企业这样的集体。

优秀的企业之所以重视培训，是因为它们知道知识的价值。与普通企业只满足于经营业务的短视不同，优秀的企业深知知识才是长久之计。业务或许能够暂时带来收益，但唯有知识，才能确保企业持续稳定地向前发展，收获源源不断的回报。

因此，对于优秀的企业来说，培训员工不仅是一种投资，更是一种战略性的举措。通过培训，企业不仅能够提升员工的个人能力，还能够加强团队的整体素质，从而为企业创造更大的价值。同时，这也是企业保持竞争力的关键所在，因为只有不断学习、不断进步，才能在这个日新月异的世界中立于不败之地。

16. 企业如何永续经营

一家企业要想穿越时代的大风大浪，在竞争中脱颖而出，最核心的能力就是团队的学习能力。在学中干，在干中学，敏捷迭代，与时俱进。企业停止学习的那一刻，也就是企业衰败的开始。

企业如果想要实现永续经营，就需要全员齐头并进，当一个企业的所有员工都明白学习对自己和企业的作用时，何愁企业不能一直经营下去呢？

17. 善于抓住信息差

企业经营之中，培训无疑是至关重要的一环。在推进培训的过程中，我们应当致力于为学员创造真正的价值。那么，究竟何为价值呢？简而言之，价值源于信息差：于我而言，那或许只是理所当然的常识，而在你眼中，却可能成为启迪智慧的知识。

我所知晓而你未曾涉足的领域，我所掌握而你尚未掌握的技能，这便是我对你所能提供的价值所在。无论是商业模式的构建，还是技术的研发创新，抑或是讲师的授课内容，莫不如此。信息差的幅度越大，讲师为对方创造的价值便越显著。这一信息差，便是从知识升华为常识的过程中所跨越的鸿沟。知识与见识、胆识、成识，乃至常识之间的距离有多远，信息差便有多大。每一层级的跨越，都能将信息差进一步拉大，从而为学员带来更为丰富的价值体验。

18. 做赋能型领导

当你是员工时，你的成长和自己有关；当你是领导时，你的成长和别人有关。员工素质低不是领导的责任，但是不能提高员工的素质就是领导的责任了。

未来企业更需要的一定是赋能型领导，通过对员工持续的赋能带来业绩的改善。要想业绩好看，就要客户满意；要让客户满意，就要流程再造，给客户提供完美的体验与服务；要想流程再造，就要员工学习与成长，冰山上面是表面的业绩，冰山下面则是员工的成长。

很多老板急功近利想获取业绩，而从不想在员工成长方面投入下功夫，就是因为人的成长是个"慢活"，然而，未来不是老板的时代，促进员工成长，是每个企业家必须要践行的任务。

19. 企业靠的不是管理而是赋能

现如今，越来越多的人开始领悟，企业的繁荣兴盛，并非仅仅依赖于严谨的管理，而是源自深层次的赋能。赋能这一理念，将企业经营管理的重心巧妙地转移至人的成长与发展之上，凸显了人的价值所在。

赋能，其实本质在于将个体的潜能充分释放，使其成为推动企业发展的不竭动力。这其中的能，既涵盖了个体所具备的专业能力，又包含了其内在的激情与能量。在赋能的过程中，我们不仅传授技能，使那些初涉未知领域的员工能够得心应手；更在激发潜能上下功夫，为那些缺乏动力的员工点燃心中的火焰，助力他们勇往直前。

这样的赋能，不仅能够帮助员工实现自我价值，更能为企业的长远发展奠定坚实基础。在赋能的道路上，我们致力于打造一个人人皆可发光发热的共赢生态，让企业在激烈的市场竞争中脱颖而出，实现持续稳健的发展。

20. 企业经营领导力是关键

曾几何时，时常听闻老板慨叹："我的战略布局堪称上乘，可惜公司内部的执行力却始终不尽如人意。"为此，众多企业纷纷投身于执行力培训的热潮之中，试图借此扭转局面。然而，经过一系列如火如荼的培训活动后，却鲜见显著的成效，这使得不少老板开始审视自己，进而将目光投向了内在的原因。

他们开始深入反思，逐渐意识到员工执行力不足的背后，实则隐藏着领导力缺失的深层次问题。于是，一场关于领导力的学习之旅悄然展开。无论是领导力、情境领导力，还是魅力领导力等种种理论，都成为了他们探索的焦点。然而，尽管学习了一大堆概念，却依然难以捉摸领导力的真谛。

其实，真正的领导力并非遥不可及的高深学问，而是企业家在团队中通过有效的影响和激励，激发他人的潜能，共同实现目标的能力与素质。这需要企业家付出真诚的努力，用心去聆听员工的心声，关注他们的成长与发展，并帮助他们不断提升执行力。

在这个过程中，企业家需要不断学习、不断进步，首先将自己的领导力提升到一个新的高度。只有这样，才能引领团队走向更加辉煌的未来，实现企业的长远发展目标。

【解读】 某科技有限公司初创时凭借技术与产品优势赢得市场。随着发展，老板李总发现员工执行力不足。尽管投入资源进行执行力培训，但问题仍未解决。

李总反思后认为，问题根源在于领导力，于是开始学习领导力知识，参与培训，与同行交流。在领悟到领导力真谛后，李总改变领导风格，加强与员工沟通互动，鼓励员工参与决策，提供培训发展机会。

再后来，公司氛围改善，员工执行力提升，更积极投入工作，这让李总再次认识到领导力在提升执行力中起关键作用。

21. 了解讲师、咨询师和企业教练

对于讲师、咨询师、企业教练很多人会混淆三者的关系与作用，其实，他们确实有着共同之处，但仍旧是不同的，如图2-3所示。

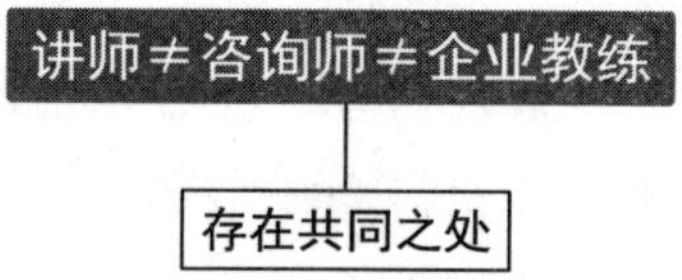

讲师≠咨询师≠企业教练

存在共同之处

图2-3 讲师、咨询师、企业教练的关系

（1）讲师。讲师传播知识、技能和态度。改变学员态度对讲师而言最难，但一旦态度改变，他们便能逐渐掌握所需的知识和技能。因此，所有培训最终都是态度类培训。

（2）咨询师。咨询师提供整体解决方案，需到企业调研、访谈、沟通，利用专业知识帮助企业决策，出具分析报告与方案。虽以企业问题为导向，但主要关注"事"的层面，可能方案众多却无人执行。

（3）企业教练。企业教练的作用在于激发对方潜能，使对方始终处于正能量的工作节奏。

22. 可以改变的不是人性而是机制

当企业员工出现问题时，可以改变的不是人性而是机制，员工在执行层面出现问题的根源在于"责权利"的不对等，这里的"责"指的是责任，"权"指的是权力，"利"指的是利益。

要想让员工或者团队扛起更大责任，就要给其对等的权力和利益，任何一方失衡都会带来严重的管理问题。只有"责权利"对等地发生在一个主体员工身上，员工做起事来才不会有过多的掣肘，同时也会有足够的动力向前冲，才愿意去接受企业所布置的任务，扛起相关的责任，这样企业整体的目标才有可能顺利完成。

23. 只有创业没有守业

企业的生命犹如人的生命一样都是有定数的，如何把有限的生命活出无限的可能呢？答案是传承与创新。

企业里面的人可以归纳为守业者、创业者、开拓者三类人，如图 2-4 所示。三类人都有不同的使命与任务，推动企业向前发展。

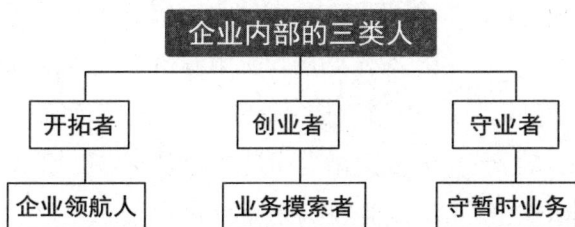

图 2-4　企业内部的三类人

（1）开拓者。开拓者就是一家企业的领航人，从行业的角度来看，开拓者至少要能够看到这个行业未来十年的发展前景，并提前做好相应布局。春江水暖鸭先知，要想把握住时代的脉搏，必然躬身入局方可感知。企业如果没有这样的人，也要找到这样一批人，去感知国家宏观政策，去洞察世界发展格局，去追踪全球前沿科学。

（2）创业者。创业者是一家企业的业务摸索者，"摸着石头过河"是创业者的常态，由于创业者长期处于解决问题的阶段，为此也练就了创业者的各种能力。可以说，在创业的路上，就像西游记一样，需要各种升级打怪，苦练七十二变，方能笑对八十一难。

（3）守业者。守业者只能守住暂时的业务，这些业务有明确的流程和操作标准，也有明确的客户群，一般客户群还比较稳定，这种业务随着红利期的过去，慢慢也会变为鸡肋，最后淘汰的不是业务本身，而是坚守这个业务不放的人。

企业的开拓者、创业者、守业者并不是指具体的人，而是开拓、创业和守业的思维，三种思维的更迭速度，决定了企业的未来。

24. 聚焦问题做减法

有些企业"虚胖"，属于亚健康状态，需要对企业进行"减肥"。对企业"减肥"，看似减掉了可以带来些许利润的产品，实际上却降低了企业的开发和运营成本，可在有限的时间和资源条件下为企业增值。

管理学中的巴莱多定律指出：在任何一组东西中，最重要的只占其中的一小部分，约20%，其余80%尽管是多数，却是次要的，因此又称二八法则。换句话说，在企业里20%的用户贡献80%的业绩，80%的利润来自20%的产品。在企业经营中，抓住关键的少数用户和产品，就能达到事半功倍的效果。因此，经营企业要遵循少即是多的原则，减少产品的品类、品牌，把时间和资源聚焦在能带给企业80%利润的产品上。

25. 做好自己拒绝内耗

企业从初创期到成长期再到成熟期，如果没有及时变革的话，通常都会走向官僚、走向僵化，进而内耗重重。员工想着老板的事情，老板干着员工的事情，长期的身份错位会让企业内部一团糟，陷入集体性内耗。培训亦是如此，讲师和学员也要各自守好自己的位置，干好自己的事。

（1）站在讲师的位置。讲师的主要职责是运用各种教学手段，帮助学员去消化吸收课程内容，达到升级认知、学会本领、转变观念的效果，不但要用智慧去武装学员的头脑，更要学会用关爱去滋养学员的心灵。

（2）站在学员的位置。要以开放的心态参与学习，上课过程中大脑积极主动思考，将自己对于知识的理解与周围同学碰撞交流，敢于表达自己的观点，敢于阐述自己的想法，不但要从讲师身上汲取知识与能量，更要学会从周边同学身上吸收营养。

26. 如何解决问题才是问题

学员的学习成长都是在解决问题中发展起来的，凡事不是有了能力才去做，而是做着做着就有了能力。例如，带领团队去探讨业务问题，面对同一个问题，有人可能积极面对，有人可能消极应对，有人外部归因，有人内部归因。

失败者用聪明找借口，成功者用聪明找方法。解决问题，就是要把负面转正面，让自己处于正循环中，遇到任何问题，都不要慌忙失措，要有解决问题的招数。一个人面对外部世界的问题时，会不由自主地呈现出内部的系统，而内部的系统来自原生家庭、同事关系、师生关系的深度影响，属于刻在内部的基因。

27. 检查是执行的有力保障

企业领导不要觉得自己规划、分配和布置任务就万事大吉了，人都是有惰性的，需要让员工意识到任务的必要性，他们才会去认真、按时地完成。

员工通常不会做领导希望的，只会做领导检查的，就像是讲师如果将作业布置下去，没有人去检查，那么大部分学员了解到这一情况后就会选择不做或者凑合。

相同的道理，领导将任务安排下去，如果不对员工的工作结果进行检查，那么他们的执行基本归零，因为检查是执行的有力保障。

28. 企业成功的根基在团队不在个人

规模效益不可能靠个人英雄主义，需要靠团队，有些老板个人英雄主义思想过重，导致下面的团队一塌糊涂。如何带领团队和发展团队是管理者领导力的体现，一个企业，领导"傻"些，员工更聪明，领导太聪明，员工受限。如果用动态的眼光来看团队的话，团队建设可以分为四个时期，如图 2-5 所示。

僵化性变革 04

目标性共识 02　03 **利益性共享**

精神性吸引 01

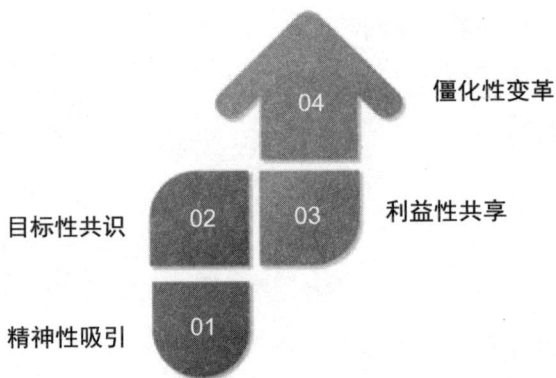

图 2-5　团队建设的四个时期

（1）精神性吸引。一个团队在一起要有开放、坦诚、正面的氛围，要有真诚的情感交流，要有共同的愿景追求，真正有能力的人是通过共同的愿景相互吸引，而非仅仅为了个人利益。

（2）目标性共识。将个人目标与团队目标有效结合，在实现个人目标的同时也实现了团队目标。做到思想统一、目标一致、坚决执行、自上而下和自下而上渠道畅通、上级表达意愿下级积极反馈。

（3）利益性共享。制定合理的利益分配机制，实现公平、公正、公开。利益共享的目的是有效激励员工，没有利益分配，团队建设就是空谈，而利益分配要让人人满意必然要有合理的分配机制，而关键点在于如何达到平衡。一个企业的利益永远是有限的，而文化可以生生不息，看得见的利益和看不见的文化要做好平衡。

（4）僵化性变革。一个团队在一起时间长了就容易思想、模式、套路趋于一致。我们要克服长久以来的团队思闭症，对内压制少数人的意见，对外排斥来自其他团队甚至是专家的建议。保持好奇心、虚心学习、自我变革、自以为非、自我否定、拥抱变化是应对僵化性团队的有效法宝。

29. 企业可能会趋于生态化

未来企业的发展模式可能会由"我的"变为"我们的",也就是大家合在一起变成一个大生态,行业的宿命可能会被生态所取代。要想把大家集合在一起形成一个生态去服务我们的客户,就要遵循三大原则,即共生、互生和重生。

(1)共生。共生就是所有利益相关者都可以在一块,而不是竞争对手,大家可以凑在一块共创用户体验。

(2)互生。互生就是大家可以扬长避短,取长补短。

(3)重生。重生最重要,大家在一块做的这些是为什么?是为了明天我们能不能一块孵化出一个新物种。

在今天,企业仅仅依靠自身的力量单打独斗将越来越难以生存和发展,在商业生态的层次上思考企业的战略定位变得日益重要。企业需要明确自己的存在价值,围绕客户价值,共生、共创、协同演化。

30. 以员工为主体的经营模式

传统的经典管理有三要素:管理主体、管理客体和管理工具。其中,管理主体是所有管理者;管理客体就是所有员工;管理工具就是各种规章制度。不管是主体还是客体,都要对规章制度负责,而不对用户负责。企业的 CEO 也是必须要听股东的,看投资者的脸色,没有办法自主创新。

现如今,这种以股东为主体的经营模式正在发生改变,以员工为主体的经营模式悄然来临,把每一个员工都变成自己的 CEO。在新型的经营模式中,每一个员工都参与创业、创新,并与用户一起共创,而非企业单独创造、用户被动购买,让用户也来创造产品、创造体验,也成为创业、创新的一个成员。

第9讲 企业经营的方法有哪些

当企业家知晓企业经营的关键作用后，找寻合适的方法便成为企业新的目标和任务，因为企业经营工作任重而道远，所以我们需要掌握的方法也是多多益善。现如今，可以了解到的企业经营的方法应有尽有，有些是企业通用的，大家都可以拿来使用，但有些方法的适用范围有限，这就需要企业家们有筛选和判断的能力。当然，在企业家使用合适的方法经营企业时，他们仍旧会面临着各种各样的问题，下面对相关的内容进行讲解。

1. 从正面引导发问

很多时候，遇到问题大多数会问为什么做不好，这样的想法可能是下意识的，但是越是这种下意识，就越是有问题，很容易让自己陷入不自信、不清晰的境地。

与其问为什么干不好，不如问如何可以干得更好；与其问这个问题为什么无法解决，不如问需要获得哪些资源就能解决这个问题。

要想经营好企业，企业家应该多从正向引导发问，激发对方的正能量；而非从负向责备式发问，打击对方的自尊和自信。

2. 说到一定要做到

在企业内部，常常是老板说说也就算了，没人敢去追究老板到底做没做。然而，老板总是光说不做的话，久而久之，也没人把他的话当真了。很多老板抱怨员工没有执行力，但如果你自己说的话都不做，又如何要求员工说到做到呢？

为了能更好地经营企业，企业家们应该培养的一项极为重要的自律习惯就是说到一定做到，从自己做起，引导正确的价值观念。

【解读】 某科技公司发展初期凭借创始人张总的个人魅力与市场洞察力迅速壮大，但规模扩大后员工执行力下降，公司遇到瓶颈。张总反思后发现自身言行不一影响了员工，于是决定培养自律习惯，尤其是说到一定做到的习惯，提升公司执行力。

　　经过一段时间的努力与坚持，张总养成了自律习惯，带动员工执行力和效率提升。员工信任并跟随其领导，公司业绩提升，员工积极性和满意度提高。

3. 好领导的特点

　　好的领导者才会经营出好的企业，而好领导大都有三个特点，如图2-6所示。

好领导的特点

| 激励和调动员工 | 建立有效的团队协作能力 | 在实践当中培养新的领导人 |

图2-6　好领导的特点

　　（1）激励和调动员工。更好地激励和调动员工，不能有效激励员工的领导者不是好的领导者。

　　（2）建立有效的团队协作能力。在今天这样一个团队制胜的时代，光靠个人的单打独斗赢不了商业竞争，需要建立强大的团队协同作战能力。

　　（3）在实践当中培养新的领导人。只有在实践当中才能让领导者接受真实的挑战，得到锻炼。

4. 卓越领导的两副面孔

　　我们常说，领导对员工最好的态度就是刚柔并济，有关怀也要严格。为了激发员工的使命感，需要像爱自己的孩子一样去爱员工、关心员工，进而由内而外地鼓舞人心，这是谦逊的一面；为了突破绩效障碍，激发员工潜能，又不得不逼迫员工，刺激员工，这是强势的一面。卓越的领导通常是双手互搏，一手慈悲心，一手铁手腕。

5. 发挥团队的作用

几乎所有的伟大成就，都是团队集体协作追求远大目标的结果。尤其在专业化分工越来越细的今天，每个人都有自己的专长，同时也有自己的局限和盲区，这更要求集合团队的智慧和力量。

有效的工作团队如同一支成功的足球队，全体队员要各就其位、各司其职，同时更要密切配合，才能发挥出整体效能，为企业创造出最大价值。

企业家经营的企业不是只有自己的企业，而是有自己和员工的企业，所以企业经营的责任不只是自己的，是可以依靠集体力量的。

6. 企业家面临的挑战

在企业经营的道路上，很少会有风平浪静的时候，企业家走的每一步，几乎都是坎坷艰难的，他们会面临很多的挑战，而这些挑战大多具有以下两个特征。

（1）破坏性的变革。本来在这个行业做得很好，突然有一项破坏性的变革技术横空出世，一下子把几十年苦心经营的基础打碎，破坏性的创新无处不在。

（2）未来无法根据过去来预测未来。在这个时代，我们不能再用过去的经验去预测未来，就如同不能用下载的模式去学习。

7. KPI 和 OKR 的区别

在快速发展的今天，全球的经济文化互通有无，经济市场中引入了很多国外的理论和概念。有很多人问起 KPI（关键绩效指标）和 OKR（目标与关键成果）的区别。其实很简单，KPI 和 OKR 的本质区别也是老板角色的改变。比如，老板告诉员工：不是你觉得，是我觉得，这就是 KPI；不是我觉得，是你觉得，这就是 OKR。KPI 和 OKR 的区别，如图 2-7 所示。

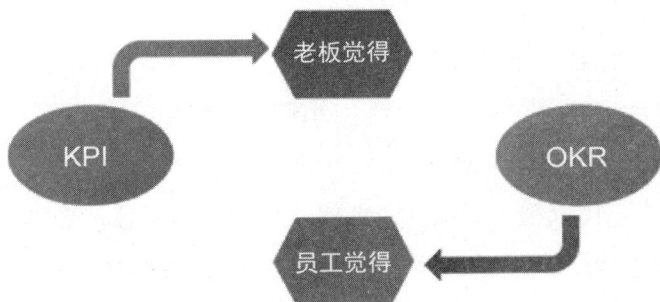

图 2-7　KPI 和 OKR 的区别

8. 如何提高企业的核心竞争力

要想成为创造知识的企业，就要有促进知识转化的场域。比如，培训、演讲、对话、分享、切磋等都是有利促进隐性知识向显性知识转化的方法，让更多优秀人才脑袋中的智慧能为更多人学习并掌握，进而提升组织的核心竞争力。

别人分享出来的知识变成你的知识，是显性到显性的转化；你自己都没意识到东西，居然说着说着说清楚了，属于隐性到显性的转化；参加完培训，感觉有些明白，有些感觉，但还是不太通透，属于显性到隐性的转化；特定场合中的非言语表达，大家都能感受到，但是说不清道不明就是感觉很棒，只可意会，不可言传，属于隐性到隐性的转化。企业不应只提供产品与服务，更应该生产知识与方法论，这才是企业核心竞争力的源泉。

9. 企业如何训练员工

企业管理就是整合各种资源实现绩效的过程，而这个过程是由团队来实现的，一流团队一流绩效，二流团队二流绩效，团队通常是训练出来的。如何训练员工呢？一般来讲，有以下五个步骤。

（1）我做你看，即师傅做徒弟看。

（2）我讲你听，师傅讲解徒弟聆听。

（3）我做你做，师傅和徒弟一起去做，师傅陪跑徒弟。

（4）你做我看，徒弟独立去做，师傅纠偏指导。

（5）你讲我听，徒弟讲解，师父聆听，知行合一，形成闭环。

以上五步还可以根据情况不断迭代，行为上有突破，认知上有改变，体验上有感受，形成愉悦的回路，训练才能形成良性循环。

10. 关于企业经营管理的感悟

达尔文曾说："能够生存下来的物种，并不是那些最强壮的，也不是那些最聪明的，而是那些对变化做出快速反应的。"企业何尝不是如此，我对此有三点感悟，如图 2-8 所示。

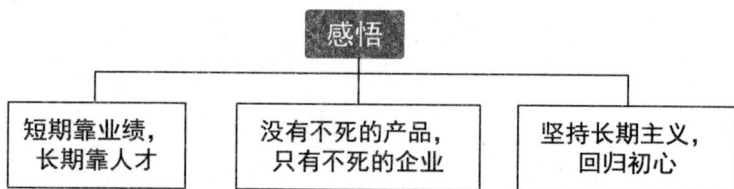

```
                    感悟
         ┌───────────┼───────────┐
   ┌──────────┐ ┌──────────┐ ┌──────────┐
   │短期靠业绩，│ │没有不死的产品，│ │坚持长期主义，│
   │长期靠人才 │ │只有不死的企业 │ │回归初心   │
   └──────────┘ └──────────┘ └──────────┘
```

图 2-8　企业经营管理的三点感悟

（1）短期靠业绩，长期靠人才。企业所有的业绩都是靠人做出来的，投机取巧赚来的业绩注定不长久；唯有真才实干的人才可以陪你走过大风大浪。企业家首先要把企业当成"家"，用培养自己孩子的耐心孵化人才。

（2）没有不死的产品，只有不死的企业。产品有生命周期，企业也有生命周期，如何为企业续命？答案是不断创新与适应变化。

（3）坚持长期主义，回归初心。企业都有愿景、使命、价值观，但是有几个用起来的呢？都是贴在墙上的口号。企业遇到困难时，没有精神和文化的企业犹如一盘散沙，说散就散。

11. 企业家要时常照镜子

一个人职位越高，权力越大，往往他周围真正的朋友就越少，说真话的朋友更少，很多做到一定规模的企业家更是如此。所以，企业家们都需要一面镜子来定期照照自己，别忘了初心和本色。

> **【解读】** 乾隆年间的孙嘉淦，他给刚刚登基的乾隆皇帝上疏直谏。其奏折《三习一弊疏》被称为清代第一奏折。其中讲道："三习既成，乃生一弊。何谓一弊？喜小人而厌君子是也。"耳习：开始时只是不喜欢别人有不同意见，后来便逐步发展成不顺耳的话也不爱听，最后连讨好的话说得水平不高都不行；目习：刚开始是排斥不礼貌的人，而后讨厌那些对自己敬而远之的，再后来连对自己尊敬但不会办事的，都觉得厌烦了；心习：原本认真地工作，可时间一长，便不再严格要求自己，再后来不管自己有什么想法，都觉得正确，不允许有不同的意见产生。

历史总是惊人的相似，只是换了不同的方式上演。孙嘉淦的《三习一弊疏》就是一面镜子，让企业家们时刻清醒，能够听到最真实的声音，从而做出正确的决策和指导。

12. 企业经营的核心任务

作为企业的领导者，应该明确自己的核心任务，主要包括狠抓业务、带好团队、自我提升、建立体系和文化变革，如图2-9所示。

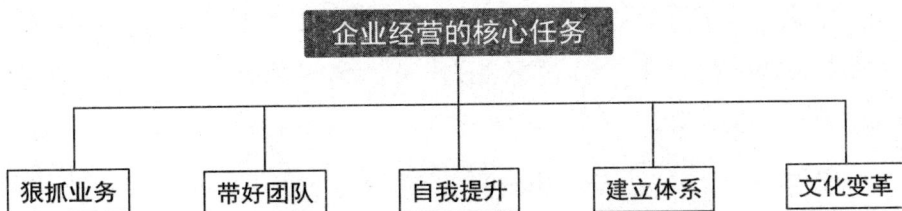

企业经营的核心任务

| 狠抓业务 | 带好团队 | 自我提升 | 建立体系 | 文化变革 |

图2-9 企业经营的核心任务

（1）狠抓业务。通过团队共创的方式和员工一起探讨商业模式，并达成共识与计划。

（2）带好团队。化解团队工作中遇到的瓶颈，成为问题的终结者，带领团队学习，成为学习型组织，教练下属不断成长。

（3）自我提升。融入不同群体，去迭代认知，复盘反思，不断超越昨天的自己。

（4）建立体系。把人管人的企业变成流程、制度、标准管人，搭建内部管理体系，健全内部流程机制。

（5）文化变革。这个世界唯一不变的就是永远都在变，领导以身作则，时时刻刻有危机感，提高整个组织应对外部世界变化的能力。

13. 团队成长的四个阶段

企业是通过团队去做事的，一个团队从组建到共识需要大致历经四个阶段，如图 2-10 所示。

图 2-10　团队成长的四个阶段

（1）外套阶段。人与人初次见面的时候，为了自身的安全，会处于防御状态，不会轻易暴露自己的真实状态，能让彼此看见的都是愿意让人看见的，即使彼此有不同看法，也不会说出来，而会附和着说，会随大流地说，犹如披上了一层外套。

（2）冲突阶段。冲突是团队进步的标志，在这个阶段，团队成员开始表露自己真实的看法，"我不同意你的建议，我是这样看的"，这个阶段团队矛盾开始增多，特别是不同部门在一起讨论时，时常都是精致的利己主义者。

（3）觉察阶段。当企业有问题时，其实每个人都是问题的一部分，当员工频繁出现问题时，老板就是问题最大的一部分。团队成员要提升认知，自己也是系统的一分子，讨论问题时，要学会换位思考，感同身受，感同脆弱，为对方多想一想，觉察自己就是问题的根源是这个阶段要做的。

（4）融合阶段。在这个阶段，团队成员把企业看成一个系统，而自己是系统的一分子，只有系统好了，自己才能好，上下同欲，力出一孔，充分达到融合。大家在一起，不是互相扯皮，而是协同去解决问题，这个阶段需要多年企业文化的熏陶，以及对企业文化的高度认同。

14. 讲师的三个阶段

在企业经营的过程中，企业家也可以是讲师一般，其不在于方法，在于心法。通常情况下，讲师会有三个阶段，如图 2-11 所示。

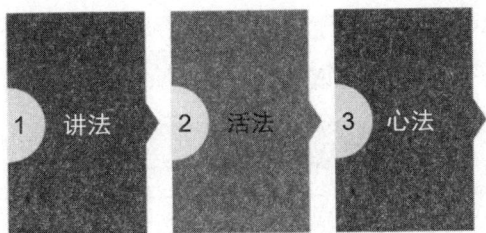

图 2-11　讲师的三个阶段

（1）讲法。希望运用合适的讲法将自己的授课内容讲清楚，讲得生动、逻辑清晰，比如，运用圈圈教学法、自然教学法、五星教学法等。

（2）活法。通常一个讲师要给别人传道授业解惑，他需要有经验和阅历。对从事多年的讲师来讲，他们会思考为什么讲课？为了实现个人的价值，为了教就是最好的学，为了成就更好的自己，此时他会把上课看成自己学习充电最好的方式，学员就是他的老师。

（3）心法。爱是所有问题的答案，比如，稻盛和夫的"敬天爱人"，企业的"客户是上帝"等，这都是爱的表达，都是把他人放在第一位。如果讲师爱学员，学员是能感受得到的；如果讲师应付学员，学员也是能感受得到的。

15. 目标管理很重要

目标解决了"干什么"的问题，有了清晰的目标管理就成功了一半。方法解决了"怎么干"的问题，有了清晰的目标，还要有创新的方法。检查解决了"干了没有，干得怎样"的问题。目标清晰，方法明确，还要有检查。

人的本性倾向于，通常不会做上级期望的事，只会做上级检查的事。激励解决了"干好干坏的说法"问题。目标达成得如何，干好干坏要有说法，多劳多得，少劳少得，不劳出局。顺着这个逻辑理解和分析，我们不难发现企业管理中最重要的就是目标管理。

16. 讲师如何陪跑企业经营

既然有那么多企业都会通过组织培训活动来促进企业经营，那讲师该如何陪跑企业经营呢？主要应该做好三件事，如图 2-12 所示。

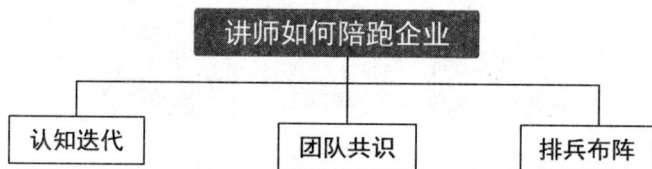

图 2-12 讲师陪跑企业经营需做的三件事

（1）认知迭代。帮助企业厘清自己的商业模式和战略方向，以用户的视角，通过多维分析，确保企业在做正确的事情。

（2）团队共识。催化老板和所有的高管形成对于企业战略体系的共识，并明确企业的主要方向，找出主要方向中的难点、堵点、痒点和痛点，直面挑战。

（3）排兵布阵。让企业高管、骨干明确自己在短期内的行动计划，特别是团队之间如何协作，把战略转为执行力问题，任务执行之后不断复盘迭代，直至形成习惯。

17. 企业人才发展战略思路

企业在经营中会出这样那样的问题，其中最大的问题就是人才发展问题。在业务端正常的情况下，企业内部的人才梯队建设尤为重要。能不能打造一支来之能战，战之能胜的队伍是企业持续发展的核心。关于企业人才发展战略，可以从"选、育、用、留"的角度简单介绍其思路，如图 2-13 所示。

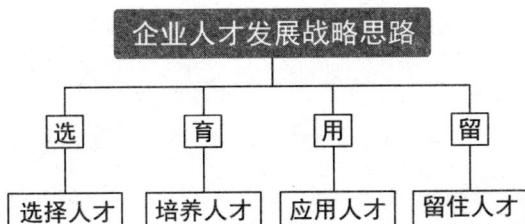

图 2-13 企业人才发展战略思路

（1）选。没有最好的人才，只有最合适的人才。什么样的人才最合适，基本原则就是符合企业的岗位基本素质和企业价值观。严格来说，价值观比此人的能力素质更重要。看人不要看走眼，选人是第一等重要的工作。

（2）育。有了人才如何培养呢？可以根据"721 法则"进行，70% 的实践学习，20% 的讲师辅导，10% 的理论学习，全方位、立体化培养人才的岗位技能，夯实人才质量。

（3）用。有了人才如何使用呢？人才发展要围绕业务发展去培养和使用，通常通过人才盘点，把合适的人放到合适的岗位上。人岗匹配可运用末位淘汰等方法，让人尽其才。

（4）留。如何才能留住人才呢？留住人才最重要的是留住人才的"心"，有四大要素可参考：短期收益、长期收益、个人成长、精神生活。简单来讲，就是从物质方面和非物质方面双管齐下留住人才。

18. 员工修身需做的三件事情

事物本身并不影响你，影响你的是你对事物的看法。人的时间是有限的，在众多的修身的事情面前，图 2-14 所示的三件事情尤为重要。

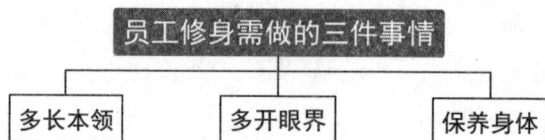

图 2-14　员工修身需做的三件事情

（1）多长本领。要保持持续学习的状态，跟上时代的步伐，把学到的知识及时转化为本领。在转化过程中，要有耐心，去刻意练习，复盘反思，不断修正到正确的轨道上来，让自己的内功越来越深厚。当问题来临时，可以游刃有余，而不是捉襟见肘。

（2）多开眼界。多到优秀的企业去观摩，多向各领域卓越的人去学习，走出自己的舒适圈，走出自我设置的"枷锁"，打开自己的眼界和格局。员工的眼界和格局不但决定企业未来的前途和命运，同样也决定员工家庭的前途和命运。

（3）保养身体。在认知、感知、灵知三知里面，感知就是指身体，人的身体非常诚实，有了问题会及时报警。从哲学上说，身体就是思想，思想就是身体，如果身体是僵硬的，那么思想也很难保持灵活。

19. 中小微企业需要突破五重"枷锁"

中小微企业在繁荣经济、稳定就业、促进创新等方面发挥着独特作用，也成为推动共同富裕的重要抓手。从众多中小微企业现状来看，需要突破五重"枷锁"，如图 2-15 所示。

（1）生存下去。权威资料显示，中国中小微企业的平均寿命 2.5 年，集团企业的平均寿命 7 ~ 8 年，每年倒闭的企业约有 100 万家。不仅企业的生命周期短，能做强、做大的企业更是寥寥无几。作为市场主体的中小微企业，生存下去是第一要务，能够赚到钱，方能够支付房租及员工工资。企业主要精力应该放在营销、商务等经营业务上，保证有持续性的收入进来，能够活下去并且活得久、活得好。

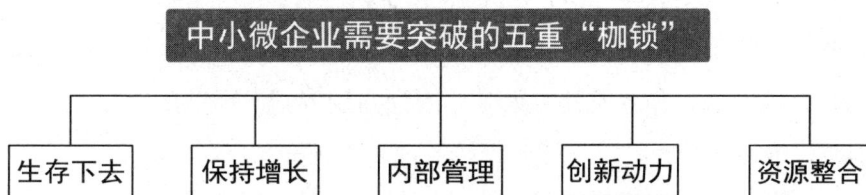

图 2-15　中小微企业需要突破的五重"枷锁"

（2）保持增长。当解决了生存下去的问题之后，接下来就是增长的问题了。企业的市场份额有没有增长，营收有没有增长，利润有没有增加，客户的数量和质量有没有增加，有没有新产品推出，有没有新的团队的组建等，这都是检验持续增长的指标。

（3）内部管理。老牛亦解韶光贵，无须扬鞭自奋蹄。当企业解决了保持增长的问题之后，随着客户越来越多，对企业内部管理的要求越来越高，如何通过内部高效的协同管理实现对客户不折不扣的优质服务成为关键。往往是企业一旦体量上来了，服务就跟不上了，开始走下坡路了。平时就要有意识不断优化内部管理机制与团队建设，这非一朝一夕之功，需要把功夫下在日常去做。

（4）创新动力。再好的企业，再好的团队，再好的产品，过了三五年都会面临僵化或老化。要在适当的时机对团队进行重新定义、重新洗牌。温水煮青蛙式的僵化或老化是最可怕的，这样的企业会失去创新的动力。聪明的企业会搭建三类团队，守业团队、创业团队和开拓团队，不同的团队要用不同的企业文化去引导、去管理，目的是让企业有持续创新的能力，避免陷入僵化的死局。

（5）资源整合。单打独斗的时代已经过去，企业只有融入更大的生态才能发展。企业老板要把精力往外看，到行业生态中去整合产品、整合模式、整合人才、整合关系等一切可以整合的资源，毕竟整合资源比创造资源要容易。虽然我们已经进入到数智化时代，各种技术层出不穷，但是商业的本质依然是价值交换，仍然是客户需求第一。

20. 企业可以有想法地"抄作业"

做企业能不能抄别人的作业呢？答案是能！但是，企业如何经营需要看天时、地利、人和。尤其是天时，因为当别人把已经完成的作业放到你面前时，最佳的业务时机可能早就已经过去了。

从双环学习模型来看，我们不能盲目地去学习别人优秀的做法，而是应该去探究他们做出此类有效行为背后的思维模式，我们最应该学习的是如何像他们一样去思考问题，商业的竞争很多时候都是赢在思维，行为只是思维的外在表现而已。

实际上，每家企业都是独一无二的，都是一定时代背景的产物，不要迷失自我地去模仿别人，要站在自己的立场上，独立思考，深度对话，你的企业才有未来。

【解读】 某新兴电商平台创立初期面临市场竞争激烈、资源有限的问题。为快速占领市场，该平台借鉴其他成功电商平台的运营模式与策略。

首先，该平台深入研究市场主要电商平台，分析用户群体、产品定位、营销策略等关键要素，找到未被充分开发的市场细分领域，确定目标用户群体和产品定位。接着，该平台模仿成功电商平台的运营策略，如促销、优惠券发放等活动吸引用户关注。同时，该平台借鉴其他平台的客户服务体系，提供优质服务与体验。

但该平台并未完全复制其他电商平台，而是在此基础上创新，结合目标用户和市场特点进行差异化设计，如针对年轻用户推出个性化购物体验、提供多元化支付方式和便捷物流配送服务。

通过这种"抄作业"方式，该平台几年内取得显著成果，吸引了大量用户，实现了销售额的快速增长，积累宝贵运营经验和数据资源，为未来奠定坚实基础。

21. 科特变革八步法

现如今，为了适应不断变化的市场环境，很多企业都在转型，转型的实质就是变革。谈到变革这个事情，有没有可靠的框架来指导我们呢？在组织变革领域，最经典的变革框架当属科特变革八步法，如图 2-16 所示。

图 2-16　科特变革八步法

（1）树立紧迫感。变革的路径一般有两种：一是分析—思考—变革；二是目睹—感受—变革。显然后者更务实，眼见为实，才能感同身受，并由此形成源源不断的紧迫感，推动变革的发生。

（2）组建变革团队。变革是一项长期艰苦的工作，需要有足够强大的领导团队，通过团队决策才能更好地引领变革向前。在领导团队成员的选择上，职权、专长、信誉和领导力都缺一不可，领导团队需要建立信任关系，有目标共识。

（3）设计愿景战略。变革不是某个人或某一部分人的事，大型的变革往往涉及众多的利益相关者。要想大伙跟着走，需要有愿景战略。愿景不仅是我们想要达成的具体目标，更定义了我们希望成为何种类型的企业。在企业内推动变革，最大的阻力是来自员工的抵抗。面对阻力，可以有很多方式来应对，愿景无疑是其中最有力的应对方式。

（4）沟通变革愿景。再伟大的愿景，如果仅仅是停留在高层的脑袋里，往往会成为空想。如何让愿景自上而下传递不走样呢？一是正确表达，不能让员工理解起来有歧义；二是有效传递，要用员工喜闻乐见的方式来传递，反复宣讲，潜移默化形成企业的文化；三是准确解码，要有专门的人员负责对口来做释疑，与员工良性互动，对不符合愿景的行为，及时纠偏。

（5）善于授权赋能。变革不可避免地要涉及人员的改变，往往要进行利益的重新分配。对于利益受损的一方，抵抗在所难免。遇到抵抗，需要有顺手的工具来平息，授权与赋能就是最好的工具。把利益相关者，尤其是利益受损者纳入变革项目中，倾听他们的心声，考虑他们的诉求，是明智的选择。

（6）积累短期胜利。变革往往会遭遇各种压力，甚至遭遇短暂的挫折或失败。面临挫折的时候，尤其需要胜利，哪怕是一个短期胜利。久旱逢甘雨，短期胜利可以有效地激励变革的推动者和参与者。不可否认，长期目标是通过一个个短期胜利累积起来的。在合适的时候，组织一些快赢项目，让大家看到希望，也是比较通常的做法。

（7）促进变革深入。短期胜利固然重要，但是也要留意不能偏离了主航道，所以为了获取短期胜利的快赢项目，我们需要围绕长期目标来进行。在获取短期胜利后，庆祝是必不可少的仪式，但也要关注短期胜利对紧迫感的消耗，警惕变革被捧杀，或被肢解、回潮等。

（8）成果融入文化。对企业来说，变革需要通过项目来推动发生、落地，但变革绝不仅仅是一个项目，而是一个持续的过程。如何让企业始终保持持续变革的动力、能力呢？变革的成果要成为企业文化的一部分，以应对不断变化的外部环境。

22. 企业基业长青的核心要素

为什么有的企业只是昙花一现，而有的企业可以做成百年基业呢？企业基业长青的核心要素到底是什么？从诸多企业的实际经历中可以总结出三个核心要素，如图 2-17 所示。

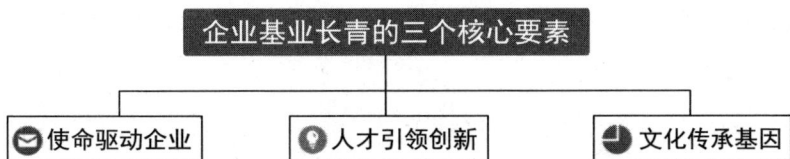

图 2-17 企业基业长青的三个核心要素

（1）使命驱动企业。企业需要超越个人生命局限，投入资源于长期未来，并承担现在与未来的责任。盈利是企业目标，但不同阶段需在不同领域创造价值，企业使命为此设定规则，避免为所欲为。

（2）人才引领创新。人是企业的核心资源与创新动力。马斯洛需求层次理论指出："人的需求包括生理、安全、归属、尊重和自我实现。"成功企业通常以人为本，强调实现人的价值，激发员工潜能，推动其追求自我实现。

（3）文化传承基因。企业文化是企业的灵魂，是企业持续发展过程中最强大、最宝贵的动力源泉。企业文化决定着企业的成败，决定着企业面对新技术转型时的应对方式。小企业的成长靠着管理者的行为影响和言传身教，大企业则靠文化和制度影响人，一个有着优秀文化与健全制度的企业，往往能够培养出一支素质良好的员工队伍。

第10讲　案例对企业经营有哪些启发

企业家最需要的就是在行动中反思，在反思中行动。如果不这样，就没有办法应对千变万化的世界。对于一个企业家来讲，永远是要做正确的事情，然后把事情做正确。如果不熟悉企业经营，那么与之相关的案例便是可以借鉴的第一教材。

理论教人需要先在脑海中思索，这样会延迟理解的速度，但是案例教人可以通过角色替换来预想结果，不仅可以加快理解速度，还可以检验可

行程度。如果想要更清楚地知晓企业经营方面的门道，可以结合以下内容
进行了解与领悟。

1. 父子抬驴的故事

《伊索寓言》里边有个父子抬驴的故事，说的是一对父子赶一头驴准
备到集市去卖，走在路上被几个小姑娘看见了，嘲笑他们真愚蠢，有驴都
不知道骑着走，非要走路。父亲一听有道理，就让儿子骑驴，自己走路。
没多久被一个老头子看见了，感叹世风日下，儿子骑驴，竟然让父亲走路，
也太不孝顺了吧。父亲只好让儿子下来走路，自己骑在驴背上。走了一段
路又遇到一个妇女，嘲讽做父亲的真狠心，自己骑驴，却让儿子走路。父
亲听到后，连忙让儿子也一起骑到驴背上，心想，这该没人有意见了吧。
谁知道走了一段路，又有人说，两个人骑一头瘦驴，也不怕把驴累死。父
子俩一听赶紧从驴背上下来，找绳子绑起驴的四条腿，用棍子抬着走。在
他们经过一座桥的时候，驴挣扎了一下，掉到河里淹死了。

之所以会出现驴掉入河里的结果，就是因为这对父子没有自己的想法，
几乎是将决定权交由路人。这和企业经营一个道理，企业的业务可以外包，
但老板的思考不能外包，其原因有三，如图 2-18 所示。

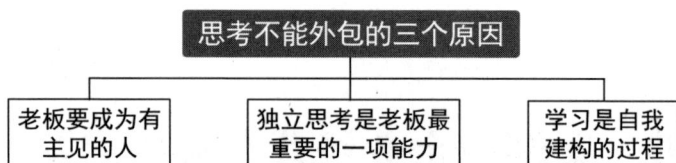

图 2-18 思考不能外包的三个原因

（1）老板要成为有主见的人。不会思考、没有主见的人，就会被别人
的意见和看法所主导，导致无所适从。

（2）独立思考是老板最重要的一项能力。别人传授给我们的真理只是
附着在我们身上的假肢和假牙，而经过思考获得的真理，才是自己天生的
四肢和牙齿，只有这些东西才真正属于我们。

（3）学习是自我建构的过程。学习要有自己的见解，要把学到的东西内化，进而变为自己的，我们要学会自己验证、自己思考、自己领悟，没有权威不可以超越，没有理论不可以颠覆。

2. 望梅止渴的寓言暗示

中国古代有望梅止渴的寓言暗示，这个暗示和心理学的心锚如出一辙。据《世说新语·假谲》记载，三国时，曹操带兵长途行军，士兵们都很口渴，曹操便说：前面就是一大片梅林，结了许多梅子，又甜又酸，可以解渴。士兵们听了，嘴里都流口水，一时也就不渴了。如果曹操说：继续向前，没问题的，前面会有水的。士兵们是会将信将疑的，但是说：继续往前走啊，前面有一大片梅林。一想到梅子的滋味，身心自然产生反应，士兵们的嘴里涌出了口水，这个叫作望梅止渴，在心理学中就叫作心锚。

心锚的意思是，借外力触动产生的条件反射，激发你内心的活泉。我们说话的语调、身体的姿势、潜意识的声音这些都是需要我们留意与觉察的。一句话、一个眼神、一个动作可以建立关系，亦可以破坏关系。说话的内容往往没有那么重要，而重要的是表达的方式和真诚的态度。我们常常都觉得自己所说的话是最合理、最正确的，但通常以不友善、愤怒、自卫或充满挑衅的方式来表达。企业在经营过程中，一直很重视沟通的作用，既然目的是要让沟通发挥作用，那么就要做到用心沟通，努力趋向心锚。

3. 陆止于此，海始于斯的启发

卡蒙斯有一句非常著名的金句：陆止于此，海始于斯。这句话的意思是，站在悬崖峭壁上，面对着浩瀚无边的大西洋，仿佛有了到天边的感觉，这确实是大陆的尽头，海洋的起点。这句话对企业经营有些很大的启发。

（1）陆止于此，即每天止于昨天的成功。从某种角度上看，昨天的成功可能是走向未来最大的障碍。企业家要想突破现状，走向更加美好的未来，需要卸下以前的包袱，穿旧鞋走老路永远到不了新地方！把自己已有的经验和模式暂时悬挂，走出旧有的樊篱，去用心观察、观察再观察，与内在源头进行链接，才有可能实现新生。企业要么进化、要么僵化。

（2）海始于斯，即每天开始于新的探索。企业要想发展须持续不断去创新，创新就意味着与过去决裂。一次次的创新突破需要有梦想和初心加持，否则很难坚持下去。

4. 外来的和尚好念经的典故

外来的和尚好念经，意为当遇到需要解决的问题时，外部人员的相关建议，往往比内部人员的建议更容易被领导接纳。就念经而言，本地和尚不见得会输给外来和尚，但是人们对于外来和尚知之甚少，心存神秘而充满期待。本地和尚就不一样了，知根知底，优势变成了劣势，长处变成了短处，从美学上讲，就是产生了审美疲劳。

为什么有的企业宁愿花数倍高价空降外面的"和尚"，也不愿从内部员工中培养提拔一个老员工呢？无论是企业内部的老员工，还是外部请来的外来"和尚"。在商业社会中，你来我往，外来"和尚"有一天也会成为内部"和尚"，内部"和尚"也会离开成为外来"和尚"。其实，是哪里的"和尚"并不重要，重要的是不断进化自己，让自己始终处于成长状态，挑战自己，革新自己，与时俱进，强大自己才是解决一切问题的根本途径。

第11讲　有哪些企业管理工具可借鉴

有人好奇，明明考虑的是企业经营的问题，为什么会使用到管理工具呢？事实上，企业经营与企业管理具有十分紧密的联系，管理工具在提升管理效率、优化资源配置、确保战略执行等方面都发挥着重要的作用，扮演着至关重要的角色。企业经营者需要对其多加重视和了解。

1. 企业管理要做好哪些事

企业管理从宏观上讲，只需要做好两件事：一是做正确的事，也叫决策；二是把事做正确，也叫执行。企业在做决策时，靠什么保证决策的正确性呢？何谓正确呢？ 很多专家实际上靠的是思维模型辅助做决策，这些思维模型就是企业管理工具，比如，PDCA（计划、实施、检查、行动）、GROW（目标、现状、方案、愿景）、OKR（目标与关键结果）、MECE（相互独立、完全穷尽）等。

查理·芒格曾说："思维模型是你大脑中做决策的工具箱，你的工具箱越多，你就越能做出最正确的决策。"实际上，每个模型都有前提假设，离开了前提假设，它就不成立了。很多人习惯用单一模型去辅助思考问题，其实可以同时使用多个模型去辅助思考问题，并且可以灵活切换模型。比如，第一性原理、复利理论、决策树、纳什均衡、金字塔原理、不确定原理、都是讲师必知的思维模型。

2. 管理要有闭环思维

企业是靠做事获取成就的，做事最基本的闭环思维就是 PDCA 循环模型，可以应用到在企业管理中。PDCA 循环将管理分为四个阶段：计划、执行、检查、行动，如图 2-19 所示。但这四个阶段不是运行一次就结束了，而是需要行动后再计划，以此周而复始地进行，实现螺旋上升，以此形成每人、每天、每件事目标过程与成果的闭环管理系统。

（1）P——plan（计划）。它指的是目标与方向的确定，以及活动计划的制订。

（2）D——do（执行）。它指的是根据所掌握的信息来设计相应的方案、方法、布局及计划，再根据这些设计与布局进行运作，实现计划里的内容。

（3）C——check（检查）。它指的是总结执行的结果，分析出哪些是正确的，哪些是错误的，从而明确效果，发现问题。

（4）A——act（处理）。它指的是对上一步总结的结果进行处理。

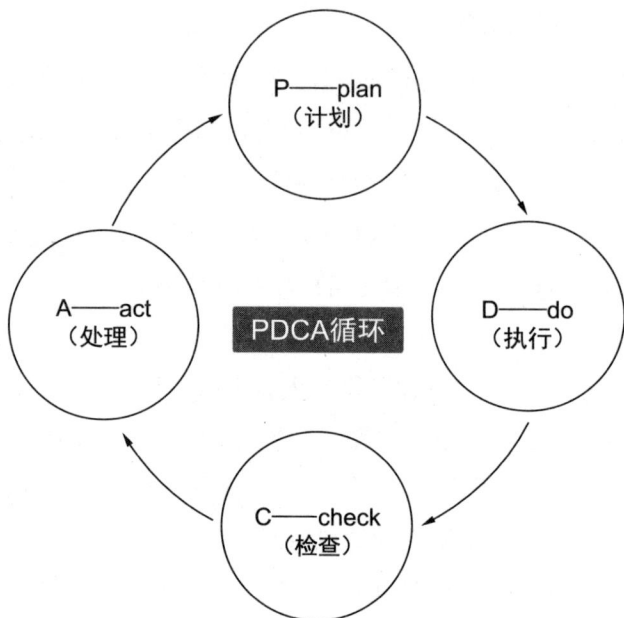

图 2-19　PDCA 循环模型

做事情要有始有终，企业管理亦是如此，如果每一次管理任务的完成是一个闭环流程的话，那么上一个任务的结束就是下一个任务的开始，只有这样衔接才可以保证企业的经营不会出现重大纰漏，也不会停下发展的脚步。

3. 过程管理极其重要

在企业中做事，需要持续把事情做好才能闭环上升，因为只有把每一个阶段做好了，结果才可能好看，不要假装努力，结果不会陪你演戏。企业只有明确了想要的结果是什么，接下来才能研究如何达成这个结果的过程，下面将从过程和管理两个维度做出阐释。

（1）过程。所有的事情无非就是明确目标，然后通过一定的过程去实现这个目标。可以说，过程通常是 U 型的，直线型的很少。在实现目标的过程中，企业要明确各自责任、清晰分工，企业要设置里程碑，要跟进、跟进、再跟进，并且做到及时激励，还可以邀请外部教练做陪跑计划，坚定达成目标的信心。

（2）管理。在管理学中，管理是指企业中的管理者，通过实施计划、组织、领导、协调、控制等职能来协调他人的活动，使别人同自己一起实现既定目标的活动过程。在企业管理中，管理的最大资源是员工、流程、技术、方法和工具，企业要在正确的时间，用合适的人，按正确的流程，用正确的方法和工具，才能保证把每一件事情做好。

4. 企业做战略要考虑 PEST

如果企业做的事情政策上不允许，即使很赚钱，也不能碰。政策上不允许的事情一定没有未来，所以企业管理需要掌握 PEST（政治、经济、社会、技术）宏观环境分析模型。PEST 分析模型是外部环境分析的基本工具，用于分析企业所处的宏观环境对于战略的影响，是从政治法律、经济、社会和技术的角度，分析外部环境变化对企业影响的一种方法，如图 2-20 所示。

（1）P——politic（政治）。政治环境要素主要包括政治制度、政治体制、政权的态度与政府制定的法律法规等。

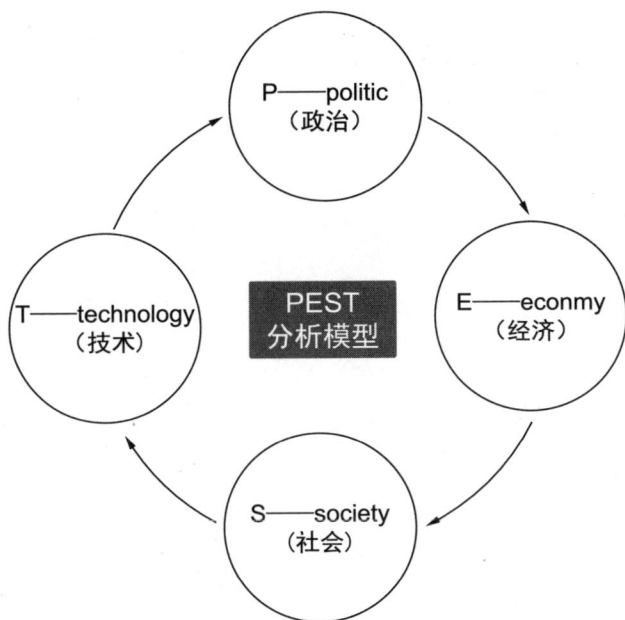

图 2-20 PEST 分析模型

（2）E——economy（经济）。经济环境要素主要包括宏观和微观两个方面。宏观经济环境主要指一个国家的人口数量及其增长趋势，国民收入、国内生产总值及其变化情况，以及通过这些指标能够反映的国民经济发展水平和发展速度。微观经济环境主要指企业所在地区或所服务地区的消费者的收入水平、消费偏好、储蓄情况、就业程度等。

（3）S——society（社会）。社会环境要素主要包括一个国家或地区的居民教育程度和文化水平、宗教信仰、风俗习惯、审美观点、价值观念等。

（4）T——technology（技术）。技术环境要素主要包括与企业所处领域的活动直接相关的技术手段；国家对科技开发的投资和支持重点；该领域技术发展动态和研究开发费用；技术转移和技术商品化速度；专利及其保护情况等。

第三章

讲师怎样实现学习与成长

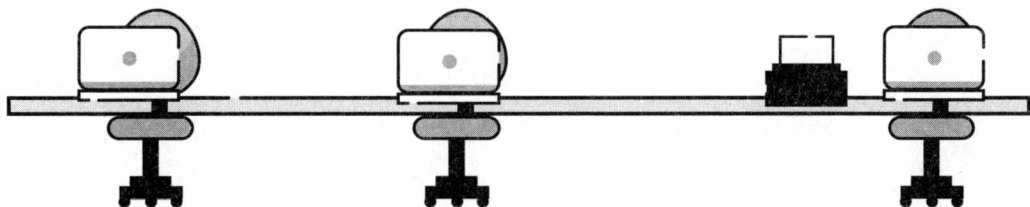

有人觉得讲师只负责教授给学员自己会的，这样的认知是不准确的，讲师不是自己会什么教什么，而是学员需要什么教什么。随着企业对员工能力需求的提高，学员对讲师的期望值也会有所升高，为了满足学员不断增加的需求，讲师需要实现学习与成长。

关于讲师的学习与成长，有很多新人会有这样或那样的疑问，为了成为合格、优秀的讲师，他们迫切地想要获取答案：

学员：我读书的时候也接受教育，感觉校园教师和企业讲师的职责差不多，为什么只感觉做讲师需要学习与成长呢？

讲师：作为校园教师时，你是站在学生的角度，所以你感觉不到教师需求的变化；作为讲师时，你是站在讲师的角度，所以感受到培训要求和学员需求的变化。现如今，知识更新变化很快，校园教师、企业讲师都需要学习与成长，这样才可以持续地满足学生、学员动态的需求。

学员：我已经知道学习与成长对讲师的重要性了，但是却无从下手，那么优秀的讲师是怎么实现学习与成长的呢？

讲师：身为讲师，最重要的任务是将实践经验转化为理论，再将理论转化成能力，而实践就来源于周遭，我们可以从课程中学习，也可以从案例中学习，还可以从故事中学习，其目的是在日常生活中获得体会和收获。

分析上述对话，我们可以看出讲师不是"万事通"，也不是高高在上，而是需要不断地让自己趋向于"万事通"，对于不了解的知识要积极学习，促使自己成长为一个合格的讲师。

第 12 讲　启发讲师心智的故事有哪些

每个人的成长都会伴随着诸多故事的累积，讲师也不例外，如果讲师想要实现学习与成长，就需要多多了解和接触启人心智的故事，以产生学习与成长的动力。一个优秀的讲师具备坚持、认真、真诚、纯净等多种品格，这些高尚的品格会成为他们的魅力，而诸多启人心智的故事便可以促使讲师形成高尚品格，那么，所谓启人心智的故事有哪些呢？

1. 庄子的寓言故事

庄子在《人世间》里讲了一个寓言故事：石木匠带徒弟们去齐国，路过曲辕时看见一棵硕大的栎树，其树荫就可以卧牛数千头。徒弟们蜂拥过去观看，但石木匠却头也不回地走了。徒弟们气喘吁吁追上来说："师父，自从我拿斧头以来，就没见过如此大树，你怎么看都不看一眼。"石木匠说："用这棵树做的船会沉，做的家具会腐，做的棺材会烂……毫无用处，看它干吗。"这晚，大栎树给石木匠托梦说："你说的那些有用的树，都因为有用而被砍伐了。而我之所以能存活万年，恰恰正是因为我的无用。"石木匠醒后，瞬间明悟，原来有用与无用只是在于每个人的看法而已。

庄子想借此寓言说明一个道理：有用和无用是相对的，是可以相互变化的。在讲师培训教学中也是如此，看得见的是知识、信息、数据等显性内容，而看不见的是状态、精神、信仰、价值观、心智模式等隐性内容。讲师不仅要向学员输出显性内容，也要注重向学员输出隐性内容。

2. 《论语》之"君子求诸己，小人求诸人"

在《论语》中，有这样一句话："君子求诸己，小人求诸人"，其大致含义为君子会反省自己，而小人只会挑剔别人。

一个讲师如果不懂得反思自己，只看到别人的过错，不能正确地认知自我，就会一直活在退步与懊恼当中，层次与涵养越高的讲师，越是明白自省的作用，如此便可以在自我认知的过程中实现学习与成长。

3. 苏东坡与佛印禅师的故事

苏东坡与佛印禅师有个故事是这样的：有一次，到金山寺与佛印禅师打坐参禅，苏东坡觉得身心通畅，于是问禅师道："禅师，你看我坐禅的样子如何？"佛印看了一下东坡点头赞道："好庄严，像一尊佛。"东坡非常高兴，佛印随口也问东坡："学士，你看我的坐姿如何？"苏东坡从来不放过嘲弄禅师的机会，揶揄说："像一堆牛粪！"佛印听了并不动气只是置之一笑。东坡高兴地回家，告诉苏小妹说："我今天赢了佛印禅师！"小妹在了解实情后颇不以为然地说："哥哥，其实今天输的是你。禅师的心中有佛，所以才看你如佛；你心中有粪，所以才视禅师如粪。"

正如此故事所展示，很多时候，人们需要的不是知识，而是悟性；需要的不是善辩，而是灵慧。作为讲师，是行走在学员之前的探索者，讲师的悟性越高，培训出来的学员就越出色，伴随着悟性的提高，讲师的学习与成长便实现了。

4. 王阳明之"心外无物"

王阳明在《传习录》里说："你未看此花时，此花与汝同归于寂；你来看此花时，此花颜色一时明白过来，便知此花不在你的心外。"即心外无物。只要"起心动念"就创造了自己的世界，因为一个人的心念不同，所以生成了两个截然不同的世界。

人心和世界，互相依存，互相印证；我心即宇宙，宇宙即我心。如果一个人天天积极乐观，世界就是美好的，就是"天宫"；如果一个人整日怨天尤人，世界就是阴暗的，就是"地狱"。神魔就在一念之间，自己变了，自己的世界就变了。

古往今来，智者们修炼心性的核心思想就是接纳抵触的，放下执着的，与外在的一切和解，与自己和解。讲师如果想要实现学习与成长，就要拥有宽阔的胸襟，去接纳、去学习、去了解。

5. 唐僧悟真经需要九九八十一难

可能没有经历九九八十一难，唐僧就算是拿到了经书也看不出真谛来。任何真正意义上的学习，都需要多方经历的加持，才能悟到真谛。就像在课堂上，明明讲师都已经讲过了，为什么有些学员却视而不见、听而不闻呢？因为他根本接不住，也意识不到，这诠释的是"人教人，教不会；事教人，一教就会"。

"真传一句话，假传万卷书。"真正的道理是非常简单的，而滔滔不绝一大堆，往往没有直击本质。同样的一句话，不同人的理解却有不同的版本，真正的道理是看起来非常简单的，这只是形式上的简单，越是高度概括的东西，越无法准确地理解，极致简单的背后是超级复杂。很多时候我们的理解，只是我们以为我们理解，距离真正的认识本质还有很远的距离。

老子《道德经》中："道生一，一生二，二生三，三生万物。"看似很简单，就是一句话的事，但它背后包含的东西，却需要多个维度经历的综合，才能悟到这句话里所包含的信息。即便是这样，人们理解的永远都是自己认为的版本，因为他们没有老子的经历。

讲师想要实现学习与成长，就需要去挑战、去经历，将复杂的东西不断地简单化，这是一种提升，也是讲师向着下一阶段进发的标志。

6. 苏轼乐观的人生态度

"但愿人长久，千里共婵娟。"这句话表达了苏轼对弟弟苏辙的怀念之情，但并不限于此，而是熔铸成了一种普遍性的情感，也是苏轼在中秋之夜，对一切经受着离别之苦的人们表示的美好祝愿。

此处想说的并不是苏轼诗句的本身，而是苏轼那种豁达的人生态度，他一生潦倒，不管到哪，不论生活有多艰苦，他都能保持乐观的生活态度，笑对人生，苦中作乐，貌似过得还挺滋润。每当我们彷徨、失意、压抑、落寞时，重温苏轼的生平，吟咏苏轼的诗句，总能拨开精神上的雾霾。我们这些看似无所不能的讲师也会面临很多挑战，时刻保持乐观的人生态度，能够为个人能力提升积攒力量。

总而言之，讲师要有自己的行事道理及准则，只有这样才能够清楚地知道什么事情该做，什么事情不能做。这样讲师就会少犯很多错误、减少很多烦恼，做到行得正、坐得端，做事情才会问心无愧。

7. 成语削足适履的典故

春秋时期，楚灵王之弟弃疾受奸臣朝吴的怂恿，设计阴谋害死了他的两个侄子，自己做了楚国的国君。晋国国君献公因为听信骊姬的奸计，害死了太子申生，又逼走自己的另外两位儿子重耳和夷吾。

刘安评论这两件事引用了削足适履，说："这种骨肉相残的事，如同把脚削去一块以适合鞋子的大小，把脑袋削去一块以适合帽子的大小，实在太愚蠢了。"该成语现在形容不合理地迁就凑合，或不顾具体条件生搬硬套。

削足适履成语典故给讲师的启发是没有任何理论可以生搬硬套的，学习不是简单地模仿和照抄，而是建构自己的思维模式和重塑价值观。学习新事物，要做到削足适履，砍掉自己脚趾，再把脚硬塞进外来的鞋子里，与原有的旧习惯旧模式彻底决裂，讲师确实需要这样的勇气。学习总有一个先僵化、再优化、后固化，持之以恒不断成长的过程。

8. 既有教无类又因材施教

当年孔子带着弟子游学，没有教学大纲，没有教材，一路走，一路碰到很多问题，边解决问题边探讨，探讨的语录就成了《论语》，孔子的弟子也有很多成才的。因为这种游学式学习成本高，风险大，为了有教无类，让更多人可以接受教育，后来的学生只是通过读《论语》等书籍获取知识，效率是增加了，但效果却大打折扣了。

有教无类，字面上的意思就是：所有人都可以接受教育，在教育面前人人平等，不论贫富、贵贱、智愚、善恶、民族、城乡、地域等，人人都有接受教育的机会和权利。孔子言行一致，他门下弟子三千，来自春秋各国各个阶层，有贤有愚，有贫有富，有乡村野人，也有贵族子弟，还有在当时社会不入流的商人，孔子对他们都是一视同仁。

当某个人听了一门课程，兴奋地回到团队中想改变一点什么时，往往看到的是奇怪的表情，甚至是冷漠的眼神，个体推动团队改变太难了，再往下推动毫无疑问会难上加难……这也是传统培训遇到的最大困境和解不开的难题。最好的做法是以终为始，把企业发展的某一个问题变成一个项目，组成一个或多个项目小组，边干边学，在学习的过程中，团队成员自然会有相互的质疑，也会伴随对个人和组织经验的反思，并通过实践检验已有的知识。

9. 面子与里子

有的人为了所谓的面子，宁可一辈子生活在谎言中。那么，讲师的面子是什么？里子又是什么呢？面子从来不是别人给的，都是自己挣来的，对于讲师来讲，企业和学员高度的认可，才是面子的真谛。

短期靠包装，长期靠内涵。一个人越是百无一用的时候，越是执念于那些无足轻重的底线；一个人越是处处都要表现出自己强大的自尊心，越是说明除了自尊心，他一无所有。真正有实力的讲师，不会过于热衷于大张旗鼓地宣传自我，因为有了里子，就不必靠面子来让别人高看自己一眼。一个讲师能不能控住场，其实在他没到课堂前就已经注定了，讲师拥有的内在修为与德行是装不出来的，真正的里子便是内心的淡定与从容。因此，讲师应该修身养性、积淀文化、丰富灵魂、强大自我。

10. 秀才解梦的故事

记得之前看到过一个挺有意思的小故事：有位秀才进京赶考，考试前做了个梦，梦中出现三个场景：在墙上种白菜、下雨天戴斗笠还打着伞、和心上人背靠背躺在一起。

算命先生对梦的解析是白中（种）、多此一举、没戏。听完算命先生的一番话，秀才的心情顿时坠入谷底，整个人都蔫了，收拾行李准备回家。

客栈老板闻讯而来，说自己也会解梦，劝秀才一定要留下来考试，因为梦里三个场景都是好兆头，这次肯定能金榜题名。墙上种菜就是高中（种）

的意思、戴斗笠还打着伞，说明有备无患，和喜欢的人背靠背躺在一起，下一步不就是要翻身了嘛。

秀才一听，觉得客栈老板的话很有道理，一下子又信心倍增，最后秀才考试中了探花。

如果秀才听完算命先生的解读，就直接打道回府了，那就会错过一次机会。从旁观者的角度来看，这是内在心智的不成熟，这个世界没有真相，有的是不同版本的解读，很多时候事物并不影响我们，影响我们的是我们对事物的看法。普通讲师与优秀讲师之间最大的差距就是认知的差距，最根本的差异就是心智的差异，而所谓个人成长，无非就是提升自己心智的旅程。

第 13 讲　讲师的内在提升从哪些维度展开

我们知道，一位优秀的讲师绝不是只有看起来专业，他的内心也要同样强大和充实。讲师外表的表现，其实就是内在修养的体现。没有学识素养的人，是做不好讲师的。

1. 认知水平影响内在提升

每个人的生活环境、人生阅历、学识素养、心胸格局等各个方面都有着千差万别，经历不同，看待问题的角度也会有所不同。每个人的过去、现在和未来都会影响着他的认知。

作为讲师，我们要做的就是寻找自己的特色，展示不一样的风采。每个人都是独特的个体，只要是对的、好的，就可以去做、去追寻，没有必要一定要成为谁、做成什么样，只要做了，就是一场有意义的内在提升。

2. 内在提升是为了拥有创造力

一个人最好奇的人生阶段是什么时候？是新生儿时期，是记忆里的童年时期，人在开始之初都是有创造力的，但是随着学习与成长，会接触到很多的知识，在被知识填充的同时也在塑造新的自我。

讲师的学习与成长离不开对知识的不断摄取，与此同时，还有一个重要任务就是保持初心，要始终保持好奇心，不要被别人的知识裹挟，在学习的同时维持自己的创造力是一种高层次的内在提升。

3. 或许本来就没有坏事

在学习的道路上，讲师历经风雨，其中不乏坎坷与波折。某些看似负面的经历，似乎并不能为我们带来实质性的帮助，反而可能阻碍我们前行的步伐。然而，倘若我们转变一下思维方式，不难发现其实并没有真正意义上的坏事。我们之所以将这些经历视为负面，往往是因为我们尚未从中汲取成长的养分。

那么，为何不在闲暇之余，静下心来细细感受一番呢？或许，在这些看似不起眼的经历中，正隐藏着意想不到的价值。即便这些价值并没有立竿见影的实质性成果，但我们也并没有因此失去什么。生活正因波动而显得丰富多彩，每个人、每件事都有可能成为我们成长的垫脚基石。

人们常说："借事修人"，这意味着我们应该善于从各种经历中汲取智慧与力量。年龄会不断增长，但我们的心态却可以永远保持年轻。保持心理年轻的秘诀就在于不断地学习、成长与进步。讲师应该用一颗积极向上的心，去迎接生活中的每一个挑战与机遇。

4. 对99%的事物只有不到1%的了解

有些讲师自认为自己能够站在讲台上，就已然是见多识广的存在，这种认知是盲目的，也是阻碍讲师成长与进步的错误想法。事实上，身为讲师，就应该知晓世界足够大，知识就如同看不清边界的海洋，没有人可以真的学尽，也做不到精通万里。或许，我们对 99% 的事物只有不到 1% 的了解，这不代表我们无知，而是说明我们的未来一直需要学习，从而让自己了解的 1% 更加扎实。

5. 灵活改变的价值高于盲目坚持

有的人终其一生在追求成功，却一无所获，而有的人总是经历失败，却风生水起。我们不应该害怕失败，失败并不可怕，可怕的是无意义的失败。若我们没从失败中学到有用的东西，失败只会是失败之母；若我们从失败中学到了，就需要去改变，灵活改变比盲目坚持更有价值。

很多讲师驻足不前的原因是因为胆怯，他们害怕自己会失败，因为失败可能会损害自己的信心。人非圣贤，孰能无过，经历过失败才有机会总结经验教训，所以要勇敢地做，失败与成功都是一场内在的成长。

6. 自我设限是最大的阻碍

生命没有极限，除非自我设限。自我设限，是讲师成长中最大的阻碍。没有能力、没有资源、没有时间等，都可能是自我设限的理由，你认为的极限或许只是别人的起点。优秀讲师不因年龄设限、不因身体设限、不因心灵设限。

困住一个人的，既不是年龄，也不是身体，而是自己心灵上的枷锁。世界上最大的囚笼是人的思维意识，只有冲破限制的枷锁，才可以真正地进步与发展，不要让自己设置的借口成为限制自己成长的原因，优秀的讲师没有我不会，只有我可以学。

7. 梦想可以增加面对挑战的勇气

在这个日新月异、充满变数的时代，众多渴望超越今日、憧憬璀璨明天的人，他们身上闪耀着一个共同的光辉：耕耘梦想，引领革新潮流，勇敢直面挑战，终成就非凡卓越。正是因为怀揣着那份炽热的梦想，他们才拥有了别人难以企及的勇气和魄力。

作为讲师，我们更应当具备敢为人先、勇攀高峰的精神，只有勇敢才能让我们在成长的道路上不断前行。我们既要成为他人的指路明灯，也要从每个人身上汲取智慧和力量。讲师只要敢于直面困难，那么在通往成功的道路上，便无真正的障碍可言。

8. 理性是最大的不理性

人运用自己的感觉器官把知识摄入，感官的运用是主观和有选择性的，因为不能也不需要把所有知识捕捉。摄入的知识经由我们的信念、价值观和规条系统过滤而决定其意义，因此能储留在我们脑海中的信念、价值观和规条系统是主观形成的，所以过滤出来的意义也是主观的。

我们每一个人的世界都是用上述的方式一点一滴地塑造出来的，因此是主观的。也就是说，每个人的世界都只是在他的脑海里，我们是凭脑海里对世界的认知去处理每一件事，每个人都是用自制的地图在这个世界里生活。当讲师认为自己是理性的时候，便可能是最大的不理性，因为我们无法保证自己所认为的理性认知就是正确认知，此时唯有不断地学习与成长才可以给出答案。

9. 问题本身就是答案

讲师在通过内在提升实现学习与成长的过程中，需要不断地追求、变着形式地追求、充满耐心地追求，因为问题本身就是答案，在询问的同时便会得到答案。很多时候，我们不能明确答案，是因为自己的逃避，我们在抛硬币做决定时，当硬币被抛出去那一刻，答案已经不是之后的正反面了，而是心里希望的正面或反面，那么硬币在没落下之前就已经有结果了。同样地，讲师在抛出问题后，很多时候就已经不纠结答案了，因为在勇敢询问那一刻，心里基本已经有结果了。

10. 很多弯路要自己走

我们经常听到一句话："不听老人言，吃亏在眼前。"那么，听了老人言，就一定不会遗憾和后悔吗？很多时候，我们总是会将没有走过的那条路美化，认为自己没有选择的一定会有更好的结果。所以说，能改变人的不是道理，不是所谓的老人言，而是南墙。

人生该走的弯路，一点都少不了。讲一万句不如自己摔一跤，眼泪教你做人，后悔帮你成长，疼痛才是最好的老师。不要试图从别人的嘴里获取道理，每个人的认知能力不同，面对事情的态度不同，最终呈现的结果也会有所不同，优秀的讲师要做的就是倾听别人口中的后果，然后自己在权衡利弊后学习与成长。

11. 活着本身就是一场体验

昨天的事情，今天就成了故事，好故事胜过千军万马，演讲高手都会用故事去渲染，他们的故事会直达人的内心，触动内心的小宇宙，达到共情、共振。

稻盛和夫曾说："人生活着的意义就是离开时的灵魂比来的时候高贵一点点。"如果讲师的人生都是设计好的，一马平川，平步青云，又有何意义呢？人生充满不确定性，有挫折，会失败，这些恰恰可以成为宝贵的财富。活着本身就是场体验，所以讲师要勇敢地面对未知的一切，做好迎接内在提升的准备。

12. 合理与不合理都是提升

在我们的生命中，充满了许多的合理与不合理，而合理的是训练，不合理的是磨炼，合理与不合理都是提升。努力过的道路就不是真正意义上弯路，即便看起来是弯路，也会比直行的路多一些沿途的风景，只有认真走过的路，才没有遗憾。

讲师应当持之以恒地投身于训练之中，历经千锤百炼，不断自我提升与修炼，力求让今日的自己比昨日的自己更卓越、更进一步。

13. 阻碍自己的是心中的"墙"

作为个人和组织，是什么在操控着我们的行为？答案是心智模式，学习的本质是优化与升级脑海里的心智模式。心智模式深植在人的潜意识中，通常不易被察觉，但它会左右我们的思想和行动。

心智模式决定了一个人的思维模式、判断模式和动力模式，会影响一个人对人、对事的认知。每个人都活在自己构建的世界中，我们能看到的只是我们想看到的而已，而且自己还不断强化，企图让自己相信这个世界就是想象中的那样。讲师应该明白一个道理：困住我们的从来不是别的人或别的事，而是我们自己，最终就看我们怎样来打破心中的"墙"。

14. 知识、见识、胆识、果实、常识缺一不可

讲师之所以需要不断提升自我，是为了更有效地引导学员将所学知识转化为习惯。在此过程中，一个关键的认知需要铭记：学员仅凭知识的积累是远远不够的，他们还需要拓宽视野、增强胆识、形成独到的见解，并掌握日常生活中的基本常识。

讲师的使命是帮助学员将知识升华为个人的见识，进而将见识淬炼为胆识，使之得以在行动中转化为成功的果实，然后转化为常识，这也是知识逐步内化为个人习惯的美好过程。

15. 学会处理与问题之间的关系

很多时候讲师不是要去解决问题，而是要教会学员学会处理好与问题之间的关系，因为问题始终存在，在解决问题的同时又在制造新的问题。比如，企业老板就要学会处理好自己和自己的关系、自己和员工的关系、自己和合作伙伴的关系等。处理自己和自己的关系需要提升的是内观力；处理自己和员工的关系需要提升的是信任力；处理自己和合作伙伴的关系需要提升的是共赢力。

同样条件下，同样的一项培训方式落到每个学员身上效果却大相径庭，

本质原因在于每个人状态不一样，有人可能带着 0.5 条命工作，有人可能带着 0.1 条命工作，所以没有具体的措施，全看讲师怎样有针对性地处理与问题之间的关系。

16. 优秀的人可以看到别人的优秀

你是人人的镜子，人人也是你的镜子。优秀的人总会看到别人的长处，总会尊重人，因为优秀的人对知识、内涵趋之若鹜，为了提升自己，他在乎别人瞬间的闪光点，认为人人都有可学之处。

看别人不顺眼是自己修养不够。在很多优秀讲师看来，评价别人不是关键，成就自我才更重要。所以在接触到别人的时候，不是先看对方没有什么，而是了解对方有什么。因为当别人有的是自己没有的，那么他就可以成为自己的老师，帮助自己实现学习与成长。

17. 拒绝出现踢猫效应

经常见到有领导对情绪失控状态下的员工发号施令，殊不知处于不良情绪状态下道理是听不进去的。永远不要和在情绪不稳定的人讲道理，知识和道理只有在心态平和的情况下才能听得进去。

心理学上有个踢猫效应，一父亲在公司受到了老板的批评，回到家就把沙发上跳来跳去的孩子臭骂了一顿。孩子心里窝火，狠狠去踢身边打滚的猫，猫逃到街上，正好一辆卡车开过来，司机赶紧避让，却把路边的孩子撞伤了。这就是心理学上著名的踢猫效应，描绘的是一种典型的坏情绪所导致的恶性循环。

踢猫效应给我们的启示有两点：第一，自己心情不好时，要学会合理释放，而不是发泄到周围人身上；第二，当别人向我们发火时，试着做灭火器，而不是助燃剂。

作为讲师，要有觉察，与人沟通、与人培训，不但要把道理讲清楚，更要把人的情绪照顾到位，千万不要和学员去争论。

18. 边做边思考也是自我提升

在我们的身边有太多优秀的企业精英，尽管他们岗位和专业不同，但都有一个共同特点是：做完任何事，都会问自己从中学到了什么？表面上看是自我总结，实际上是自我思考和完善，而人成长最快的方式莫过于在工作中边做边思考，边思考边做。

成也人心，败也人心。一家企业要想基业长青，一定要学会凝聚人心才行，那靠什么凝聚的人心才长久呢？靠背景、私交、八卦、小恩小惠来拉拢的人心是短暂的，用实际行动和业务能力来赢得员工的尊重和信任，这样的关系才能长长久久。处在一个互相滋养的环境中彼此赋能，可以在专业上实现自我价值的突破。

19. 不要沉浸在"我以为"中

很多人都被"我以为"迷惑着，我们的眼睛、耳朵、鼻子、舌头、身体、意识共同构成了我以为的认知世界，可是事实真相就是我以为的那个样子吗？实际上，真正欺骗自己的是"我以为"，甚至是"我以为"的"我以为"。

面对"我以为"情况，应该用自以为非的理念来应对，放下评判，智慧自来已经成为很多优秀讲师的心法，归纳起来可以总结为六个字：知止、归零、求真。很多讲师会钻进自我里面找自我，他们分享的内容都是"我以为"，很多时候"我以为"并非事物的本质。

讲师应该时刻谨记，无论何时何地，都要透过现象看本质，去掉"我以为"的陋习，尤其是站在讲台上讲"我以为"的讲师们，最应该做的就是跳出自我、突破自我、净化自我，真正做到知止、归零、求真。

> **【解读】** 吴老师是知名讲师，课程深受学员喜爱，但曾受"我以为"困扰。他常基于经验和观点解释事物，很少深入本质。一次课堂上遭学员质疑，引发深思。
>
> 反思中，吴老师接触自以为非理念，意识到学习与成长需挑战自我，寻找本质。他选择转变教学方式，鼓励学员探索、发现，引导跳出、突破、

> 化掉自我，实现知止、归零、求真。
>
> 新方式下，学员参与度和满意度大增，不仅学会知识，更学会独立思考、看透本质。

讲师要警惕"我以为"陷阱，勇于放下评判，看清事物本质。自以为非的理念助讲师跳出自我，实现真正成长。

20. 否极泰来是正解

生活如同一场充满跌宕起伏与不确定性的旅程，时而带来欢声笑语与辉煌成功，时而又让我们品尝挫败与痛苦的滋味。在漫长的人生道路上，挫折与困难如同一座座高山，阻挡着我们前行的步伐。这些困难，或许源于我们无法掌控的外部因素，又或许是因我们自身过失而引发的后果。

然而，面对种种挫折，我们务必铭记否极泰来的信念。这并非一种逃避现实的麻醉剂，而是一种真实而深刻的人生哲理，它教导我们，无论困难如何棘手，我们都应怀揣信念与勇气，积极寻找解决问题的途径，奋力克服一切难关。

在日常企业培训过程中，福祸相依的现象屡见不鲜，然而讲师需要牢记，正是这些困境与挑战，才塑造了自己坚韧不拔的品格。讲师可以尝试将困境转化为机遇，以智慧和勇气迎接遇到的每一个挑战，让自己在这场挑战中不断成长、蜕变，直至绽放出璀璨的光芒。

21. 结构化知识促进深入学习

有些讲师没有形成结构化知识体系，授课时给学员的感觉是好像他什么都讲了，又好像什么都没讲。培养学员的核心素养绝不是不重视点滴积累，而是拒绝碎片化和孤立化知识学习，学员需要系统化、结构化知识学习。

唯其如此，培训才是有意义的，学员才可以在有意义的知识学习和建构中，直面现实问题的解决。成为优秀讲师的目的之一就是对原有的知识体系进行结构化提纯。

22. 用心使用时间就会有时间

要说公平的资源有什么，时间可能就是唯一的答案。每个人每天都是24小时，你的时间在哪里，你的成就就在哪里，对于时间的管理是决定个人效能的关键因子。关于讲师如何用心使用时间，我有一些心得，如图3-1所示。

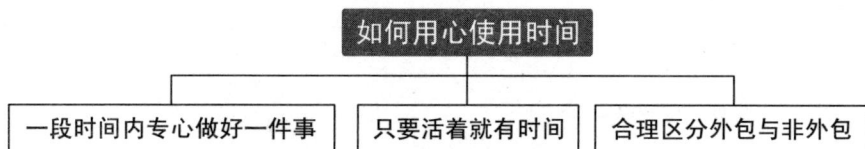

图 3-1 如何用心使用时间

（1）一段时间内专心做好一件事。脑科学研究表明，一脑多用并不可取，这实属人类的贪性，从长远来看，在一段时间专注一件事，相对效率是最高的。

（2）只要活着就有时间。我们每个人每一天都会有24小时，在这24小时里选择和什么人在一起，在一起干什么，至关重要，这取决于你的认知、价值观和需求。时间就像海绵里的水，挤挤总会有的。

（3）合理区分外包与非外包。我们有很多工作需要外包给别人去做，如就医，这个要交给专业的医生去做。让专业的人去做专业的事，从本质上来讲，就是花钱去购买别人的时间。因为每个人的生命时间是有限的，你不可能所有的事情全部会做，那样不是被累死便是还没学完就已经老死。花钱买别人的时间是一件很划算的买卖，哪些需要花钱外包给别人去做，哪些需要自己来做的，要做好合理的区分，否则后果很严重。

23. 接受自己的不完美

在培训课堂上，经常有学员会问：我的形象差，是不是不能当讲师？

我的发音不好，是不是不能当讲师？我上台紧张，是不是不能当讲师？我怕上台讲不好丢人，是不是不能当讲师，等等。其实，每一个人都是不完美的，要学会接纳自己的不完美，拥抱平凡快乐的人生，是每一位讲师的必修课。莫言在《檀香刑》中曾写道："世界上的事情，最忌讳的就是个十全十美……凡事总要稍留欠缺，才能持恒。" 其实，很多时候完成比完美更重要。

人贵有自知之明，接纳不完美的自己，是成长的起点。在成为优秀讲师的路上，面对不足，不应逃避，而要视其为成长动力。换种方式来看，这种不完美，正是塑造个人特色，激发无限潜能的关键。

24. 培养出最好的心态

社会心理学家费斯汀格说："生活中 10% 的事件是由发生在你身上的事情组成，而另外 90% 则是你对所发生的事情如何反应决定的。"世界就像一面镜子，你皱眉视之，它也皱眉看你；你笑着对它，它也笑着看你。

世间的事纷纷扰扰，看开了就是幸福，看不开就是烦恼。一个好的心态，往往能解决生活中很多难题。心态好，则事事好；心放宽，则事事安。

作为讲师，需要培养一个好的心态，让自己的不完美成为特点，用知识去装扮自己，做一个内外兼修的人。

第 14 讲　讲师如何从生活中获得体悟

如果说人的一生是不断学习和成长的过程，那么生活就是这个过程的实践场所，无论是事业、家庭、还是社交，都包含在我们的生活中，并且从生活中获得人生体悟是最直接、最真实的收获。在学习与成长的道路上，生活是讲师必然要经历的必修课，所以不必去刻意地追寻高质量的学习，生活就可以教会讲师很多道理。

1. 努力做情绪的主宰

要学会控制自己的情绪，否则情绪便控制了你，真正的强者通常是平静如水，弱者易怒如虎。我们经常听到一句话："无法控制情绪的人，并不值得信赖。"试想，一个人如果连自己的情绪都控制不了，那么他真的有能力去干实事吗？

站在讲台上的讲师，要承担起培养学员的责任，如果不能很好地控制自己的情绪，难道要带着不好的情绪去面对学员吗？那对学员来说这无疑是一次难解的挑战，要么影响学习的心情，要么受到讲师的情绪感染，无论是哪种结果，都不是一个讲师想要看到的。

2. 真正的优秀是超越昨天的自己

现在很流行一个形容：摆烂是奋斗，其含义为有人说，我该学习了，而真实情况是间歇性踌躇满志，持续性混吃等死。但学习与成长是一辈子的事情，怎么能用摆烂的态度对待和应对呢？

讲师要坚持自我反省和自我监督，全情投入自己的工作中，不断提升系统思考能力和协作领导力。无论昨天取得了何种成就，今天都要有从零开始的心态。真正的优秀不是优于别人，而是优于昨天的自己，不断超越和战胜昨天的自己是讲师实现个人学习成长的核心和精髓。

3. 追寻自己心底的幸福

每个人有各自对幸福的认知与定义，我们不能也不需要指出什么状态最幸福？只需要明白，追寻到自己心底的幸福，就是自己最享受的状态。可以将今天的快乐和明天的意义划分为以下四个象限。

（1）只要今天快乐，不要明天意义的人。他是及时行乐者，今朝有酒今朝醉，哪管未曾接触的洪水滔天。

（2）不关心今天的快乐，也不管明天意义的人。他是彻底的虚无主义者，人生就是无偿，一切都是虚无。

（3）不要今天快乐，只要明天意义的人。他是典型的工作狂，把幸福寄托在一个又一个目标上，每个目标完成后又陷入虚空，需要继续靠下一个目标来填补。

（4）既享受今天快乐，又追求明天意义的人。他是该吃肉吃肉，该喝酒喝酒，该上阵打拼的时候全情投入，对事业充满激情，热爱自己干的。

对讲师而言，没有哪个象限是绝对正确的，只需要遵从自己内心，在自己的状态中进行学习与进步，从而成为让学员认可和相信的讲师。

4. 敢于重新定义是好的转变

再高大上的工作干个几年以后，如果不具备重新定义的能力，都会沦为驴拉磨的重复模式，让自己陷入职业瓶颈。对于一项干了许多年的工作，你是否反思过哪些做得不好，需要立刻停止；哪些做得很好，需要继续坚持；哪些事情对未来至关重要，需要持续去做。重新定义便是破除当前模式，寻求更优模式的开始。

一旦找到了意义所在，痛苦将不再是痛苦。一个人的创新不是频繁尝试不同的事情，而是在相同事情中开发出创新的内容。讲师要学会重新定义工作、重新定义自己，一旦具备了重新定义的能力，对自己熟悉的事情就会有新的认知，也会拓展新的维度，更会产生新的意义。

5. 做到内部能量和谐

人人都有一个生命能量场，有的人向外辐射正能量，有的则陷入自我内耗。当一个人心里想的、嘴上说的、行为上做的高度一致的时候，他的能量是最高的。

那些心口不一、言不由衷的讲师，大部分时间都耗费在自我的心理斗争上，自己内心不和谐，自然表现出来的状态就差强人意，更别期望他能够为学员带来正能量了。

6. 没有绝对的理性与感性

个人的成功并非独立存在，而是受到所处时代的影响。过去几十年属于具有理性思维的人，如程序员、律师和会计师等，很多事务性的工作都在被机器人所取代。然而，这个世界唯一不变的就是永远都在变，未来将属于那些具有创新型思维、共情型思维、探索型思维的人，这些人包括演讲家、艺术家、咨询师、作家等。

很多讲师平时都是习惯用理性思维，一切用数据说话，一开会就打开笔记本电脑，一张张 PPT 页面上布满各种图表和数据，让人看得头晕眼花。当然也有感性思维的，讲课时天马行空，开门见山，故事煽情，直抒心意。我们对比发现，其实讲师最好的授课状态是将理性与感性相结合，因为没有理性，感性就会落空；没有感性，理性就会失去乐土。

7. 最好的状态是"自洽"

自洽一词，最早出现在唐代诗歌《寄郴州李相公》中，这一概念也常见于哲学领域，它其描述的就是自我融洽或自相一致的状态。一个自洽的人，能够客观地认识自己、评价自己，坦然接纳自己，不盲从、自信且坦诚。面对生活的进退，能保持平稳的心态，始终坚持自己的方向。对于大多数人来说，自洽是最舒适的状态，那我们就可以认为它是我们最应该追寻的状态。

作为讲师不仅要自己要进入自洽状态，还要让自己的自洽状态影响学员，让对方也意识到自洽状态的重要性。那么，讲师该如何进入自洽的状态呢？图 3-2 给出了自洽状态所包含的具体内容。

```
                        ❶ 建立自己的情感舒适区
                        ❷ 客观评价自己的真实情况
    自洽的状态 ──────── ❸ 真实地展露自己
                        ❹ 放弃无效的社交
                        ❺ 遵从内心，做自己认为对的事情
```

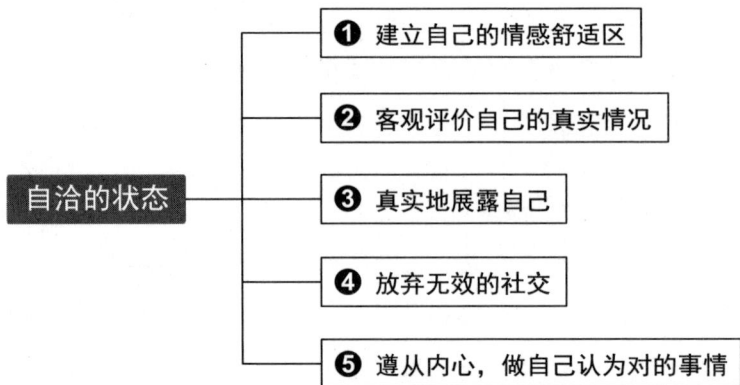

图 3-2 自洽的状态

（1）建立自己的情感舒适区。调整心态，改变讨好他人的思维模式，学会尊重自己的情感需求，与同频共振的人相处，和谐、平等、友爱。

（2）客观评价自己的真实情况。看到自己的闪光点继续放大，接纳自己的不完美。

（3）真实地展露自己。不给自己太多负担与枷锁，释放自我，真实地做自己，少在意别人的眼光与看法。

（4）放弃无效的社交。放弃消耗自己精力的无效社交，做喜欢的事情，多去寻找有共同兴趣爱好的人。

（5）遵从内心，做自己认为对的事情。鼓起勇气，做自己认为对的事情，而不是大多数人认为对的事情。

8. 和优秀的人在一起

有一段时间，一句话很是热门："朋友圈里，觉得自己混得一般，就多找找比你牛的人聊聊，能长进不少。"和什么样的人在一起，往往能够决定我们的行为状态，也就会影响到我们将来的走向。

优秀的人看待事物总是闪闪发光，总会利用时间来精进自己，这样你会因为荒废时间而自责；优秀的人会想尽一切办法来提升技能，你也不会甘于现状；优秀的人会有好习惯，你也会渐渐地改掉自己的陋习，培养好习惯。

讲师提升自己最快的方式，就是跟比自己优秀的人在一起，他们会把新的见识、新的看法、新的理念等内容在不经意中表达出来，给你带来新的认知。想要成为什么样的人，就努力靠近什么样的人，对追求成长与进步的讲师来说，选对环境才可以遇见更好的自己。

【解读】 在培训领域，李老师是一位备受尊敬的讲师。他的成功并非一蹴而就，而是通过与比自己更优秀的人交往、学习，不断提升自我，逐步实现的。

刚开始从事培训工作时，李老师对于如何成为一名优秀讲师充满了困惑和挑战。他意识到，要想在这个领域里有所作为，仅仅依靠书本知识和有限的经验是远远不够的。因此，他开始积极寻找并参加各种行业内的研讨会、论坛和交流活动。

在这些活动中，李老师结识了许多行业内的专家和资深讲师。他们不仅在专业领域上有着深厚的造诣，更在教学方法、课堂管理等方面有着丰富的经验。通过与这些优秀人士的交往，李老师开始接触新的知识、新的方法和新的理念。这些新的方法和理念不仅拓宽了他的视野，也让他对自己的职业发展有了更清晰的规划。

在与优秀人士的交往中，李老师不满足于仅仅作为听众的角色。他主动向这些专家和资深讲师请教问题、探讨教学方法，并尝试将这些新的方法和新的理念运用到自己的教学实践中。例如，在一次与资深讲师的交流中，李老师了解到案例分析法在培训中的重要作用。他立刻将这一方法引入到自己的课堂中，并结合具体的课程内容进行了精心设计。通过教学实践，李老师发现学员的参与度和学习效果都有了显著提升。

随着对行业的深入了解和实践经验的积累，李老师逐渐认识到优秀同仁的重要性。他意识到，要想在这个领域里持续成长和进步，就需要与更多优秀的人建立和巩固联系。

因此，李老师开始更加积极地参与各种行业活动、社交媒体互动和线下聚会等。在这些场合中，他主动与同行交流、分享经验、建立联系。同时，他也积极寻找和加入一些高质量的培训讲师社群和团队，与志同道合的讲师共同成长。

经过几年的不懈努力和实践积累，李老师也成了一位备受尊重和认可的企业讲师。他的培训课程不仅在学员中享有很高的口碑和评价，也得到了业内专家和同行的广泛认可。回顾自己的成长历程，李老师深深体会到与比自己更优秀的人交往、学习的重要性。

第四章

讲师如何做到声情并茂

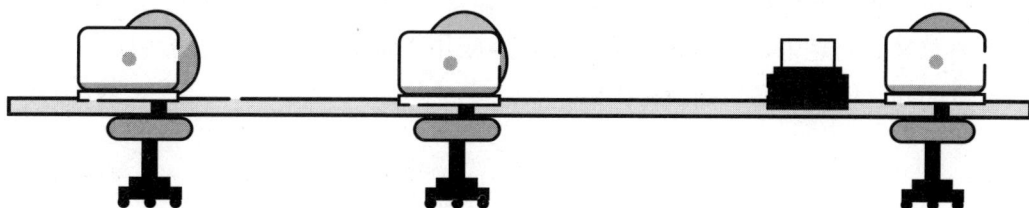

　　好学生不一定是好讲师。优秀的学生擅长学习，而优秀的讲师则擅长传授。很多人误认为自己掌握知识就能成为讲师，实则不然。事实上，优秀的学生与优秀的讲师之间存在很大的差距，想要真正地成为一位讲师，就需要设计好自己的课堂内容，空谈空讲并不可行，此时，合理应用教学工具就成为讲师必须要拥有的技能。

　　很多讲师在给学员授课的时候，发现自己讲得声情并茂，但是学员却很难跟上节奏，于是会出现下面这种场景。

　　学员：为什么我每次准备的课堂内容很丰富，但是却有人反映自己并没有学到什么东西呢？

　　讲师：你自己浏览过自己的课堂设计吗？你确定自己的东西是实用可行的吗？

　　学员：我自己仔细地回顾过很多次了，并且已经把自己掌握的知识都设计在课程里了，绝对没有保留，我只想大家可以学到有价值的内容。

　　讲师：那么问题可能不是知识内容少，而是学员吸收效果差，如果不是学员自身的能力和态度问题，就是讲师在课堂上输出内容时缺少途径和媒介。

　　学员：我确实在授课时将重心都放在了讲述理论知识上，没有想到途径和媒介的问题，那我该如何让学员更好地接受知识呢？

　　讲师：你不妨试试应用一些教学工具，让自己的课程在充满趣味的同时还可以帮助学员提高学习效果。

　　从上述对话中可以看得出来，合格的讲师不能只会讲，还要会设计、会规划，只是简单地讲述理论知识，不仅会增加学员的负担，还会让课堂显得枯燥。如果能够将教学工具合理地应用到培训中，就可以让培训变得有意义、有魅力，所以讲师需要合理地应用教学工具，为自己减轻授课难度的同时提高学员的知识转化率。

第 15 讲　讲师培训可以使用哪些教学工具

　　企业培训的顺利进行不仅依靠讲师的授课能力，还考验讲师能否对教学工具熟练应用。在传统的培训模式中，多数讲师就像我们儿时印象中的校园教师一样，一本课程教材、一块黑板和一身授课经验。现如今，信息的快速传递、科技的快速发展，都推动着讲师培训不断地向着新的高度发展，各种各样的教学工具都可以辅助授课，既可以提高课堂的趣味性，又可以将自己从繁重的工作中解放出来，那么讲师培训可以用到的教学工具有哪些呢？

1. 电子白板

　　电子白板发挥着早前黑板的作用，是被普遍使用的教学工具，讲师可以在白板上进行书写、标注和演示等操作，为学员详细地展示诸多总结性知识细节性内容，帮助对方加深对重点知识的记忆与理解。

　　电子白板还可以与手机、平板、电脑等电子设备连接，在合理操作后将提前备好的内容直接展示出来，提高讲师的授课效率。

　　相比于简易的黑板，电子白板拥有十分明显的优点——可以选择性删除内容，也可以一键清空内容，该项功能能够减少很多擦拭黑板的时间，让课堂变得更加简单自然。

2. 实景模拟工具

　　优秀讲师的厉害之处在于可以提高学员对知识的转化率，他们的学员往往可以快速地将所学知识应用到具体的实践操作中，而在课堂上为学员提供场景来实现现场实践便是这些讲师的一个"撒手锏"。

　　实景模拟工具可以创设实践场景，是经过相应的设定后在课堂上帮助讲师呈现真实情境的设备或软件，虽然创设的场景是虚拟的，但是学员可以进行的操作是真实的，所以能够提高学员的实操能力。

使用实景模拟工具，可以帮助企业在投入较低成本的情况下，为员工提供熟悉知识、锻炼技能的机会，既可以降低试错成本，又能够提高工作效率。

3. 交互式设备

培训课堂不是讲师一个人的舞台，而是讲师与学员另一种形式的合作与配合，讲师将注意力放在授课上的同时，也需要关注学员实时的反应与想法，而交互式设备则可以提高学员活跃度，增加学员对课堂的参与感。比如，电子信息收集设备可以应用到很多选择性题目的答案获取上，讲师可以通过设置当堂问答来获得学员反馈，如果是选择性的题目，就可以通过交互式设备收集学员的答案；电子投票设备可以收集学员的喜好与想法，如果讲师想要知晓多数学员喜欢的授课形式，则可以利用这种设备收集学员的意见。

4. 视频工具

要说哪样教学工具可以直接地吸引学员的注意力，为学员提供直观的感受，那么视频素材无疑是一个不错的选择，讲师可以应用视频工具将培训内容生动形象地展示在学员的眼前。

视频工具分为收集工具和制作工具，收集工具是讲师可以用这些工具搜集课堂上需要的视频素材；制作工具是讲师可以二次修改搜集到的视频，具有更高能力的讲师还可以选择应用该工具自己制作视频。

视频工具的好处在于不仅可以直观展示知识内容给学员，还可以被保存和传输，即便是课程结束，学员也可以通过自行回放来巩固知识。

5. 案例分析

案例分析是经常被讲师应用到培训课堂中的一种教学工具，比起枯燥的理论文字，如果可以通过案例来为学员展示内容则会更有吸引力，所以讲师可以使用案例分析工具帮助学员将理论与实践结合到一起去理解和掌握。案例分析工具可以帮助讲师为案例搭配合适的文字标注、图片释义等内容，旨在让学员全面细致地了解案例、分析案例，从而掌握到其中包含的内容与信息。讲师通过对真实案例进行拓展与分析，就能够帮助学员解决相似或相同的问题，并且给出实际可用的方案，促进学员个人能力的提高。

6. PPT 课件

PPT 是最为常见的教学工具，它的优点在于可以精简组织与归纳知识信息，呈框架式地向学员展示内容，帮助他们快速地理解培训内容，从而提高自身的学习效果。PPT 课件中包含着图表、文字、图片、视频、音频等丰富多样的内容，可以从多个维度加深学员对知识的记忆与理解。同时，在培训过程中，讲师会在一次次的 PPT 制作过程中提高自己对知识的整理与归纳能力，进而逐渐地提高自己的职业素养。

第 16 讲　讲师如何在培训中使用教学工具

很多讲师都知道，也认可教学工具的重要性和关键作用，但这仅仅只是第一步，如何使用教学工具才是至关重要，毕竟不是随便地选择一个教学工具就可以轻易地适配自己的课程。如何在培训过程中合理地选择教学工具并进行灵活地使用，是很多讲师现阶段需要学习和进步的内容，下面是一些关于教学工具使用的方法与想法。

1. 使用教学工具的前提是认真准备

在现代企业培训中，教学工具已成为不可或缺的一部分，然而，仍有部分讲师对其持保留态度，认为其耗费精力、徒增烦琐。他们担忧，教学工具的引入可能会加剧与学员的互动，进而打乱他们早已习惯的教学节奏。然而，我们必须明确，讲师的终极目标在于确保学员的学有所得，而非简单完成授课任务。事实上，教学工具能显著提高学员对知识的吸收效率，因此，其应用价值不容忽视。

对于那些无法妥善管理教学工具使用时间的讲师而言，这或许正是一个提示，提醒他们需进一步提升自我能力。毕竟，一位卓越的讲师应当敢于接纳并运用教学工具，以此丰富课堂内容，提高教学效果。

为了确保教学工具的正确运用，讲师在课程筹备阶段需做好充足准备。他们应深入钻研即将传授的课程内容，依据内容特性选择最为合适的教学工具。以"数据图表的便利性"为例，讲师可通过 PPT 展示不同信息记录方式的效果与工作效率的对比，从而使学员能够更加直观、详尽地领略数据图表的独特魅力。

2. 熟练对教学工具的操作

作为一名优秀讲师，首先需要具备的技能就是学习和掌握各种教学工具的使用方法，针对不同的培训内容，当匹配到合适的教学工具后，讲师便可以直接投入使用。与此同时，讲师需要注意的是，教学工具会有更新，也会有淘汰，更新的教学工具需要不断地学习，淘汰的教学工具则需要进行分析与摒弃，从而不至于让自己的课程进行不下去。

正确选择、熟练使用教学工具是一方面，在什么时机使用教学工具是另一方面，只有时机恰当、数量合适地使用教学工具，才能真正发挥它的作用，帮助学员更加深入地学习和理解培训知识。假若在教学工具使用到一半的时候，接受培训的学员都已经完全理解培训内容，那么此时讲师便可以选择"戛然而止"，教学工具的作用是助力学员理解，如果已经掌握了需要掌握的知识，那么就可以将后续不必要的时间节省下来。

3. 选择合适的教学工具

一个讲师可以掌握很多种教学工具的使用方法，但依旧是先前提到的道理，课堂不是讲师的舞台，其培训的中心是学员，那么教学工具的使用就要围绕培训内容和学员需求进行选择。讲师如果决定使用教学工具辅助培训，就需要提前明确自己的教学目标、了解学员的学习需求，在此基础上选择合适的教学工具。教学工具如果可以和培训内容契合，并受到学员的认可和欢迎，就可以细致地展示培训内容，从而激发学员的学习兴趣，促进学员的学习效果增强。

【解读】 有一家刚刚上市的跨国企业，为了能够更好地与国外客户交涉，企业为市场部门的员工开展了语言培训活动，专门聘请了一个高校的语言专业教授。

在讲师的身份之前，这位讲师还是优秀的高校教授，所以有很丰富的教学经验，对教学工具的使用也是十分熟练，为了能够尽快提高学员对语言的掌握能力，讲师使用到了在线语言学习平台。在课堂上，学员可以在语言学习平台上完成讲师提供的练习题目，在课下，学员也可以在该平台上进行口语和听力练习。

由于线下授课和线上练习的结合，企业的诸多员工在短期内就提高了自己的语言能力，这位讲师的培训能力更是得到了业内的再次认可与夸赞。

第五章

讲师的培训素材从何而来

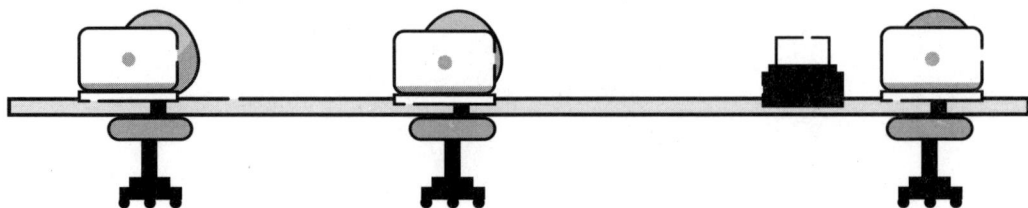

讲师培训不是轻拿轻放，而是有条有理，但是仅仅讲述理论是不够的，我们之所以一直在强调讲师责任，就是为了让讲师讲的内容更落地，而不是只有虚无缥缈的言语或枯燥无味的文字。了解诸多资深讲师的成长经历，我们可以发现优秀讲师都很擅长寻找素材、收集素材和运用素材。对学员来说，理论与素材相结合的课堂才更有价值和吸引力。

培训素材是讲师需要攻克的一大难关。面对培训素材方面的难题，不少讲师会积极发问与请教。

学员：我之前授课的时候会一直讲理论，学员反映我的培训课堂没有吸引力，于是我开始运用培训素材，但是效果为什么没有预想得明显呢？

讲师：是不是所使用的素材不够贴合，或者缺乏新意呢？你觉得收集培训素材这件事难吗？

学员：不难啊，现在网络这么发达，想要的素材不是轻易就可以搜索得到吗？而且，为了加强力度，我还找了很多名人事迹呢。

讲师：这就是你的问题所在，身为讲师，理应知晓没有一件事是简单的，那些你轻易找到的素材大多都是学员自己已经了解过的，这样的素材就失去了被分析和了解的价值，他们就很难再代入自己进去理解知识了。

学员：原来是这样，那我是不是不应该找大众熟知的素材啊，是只能从身边提取吗？

讲师：不是说大众知晓的素材不能用，而是不能信手拈来，需要加入自己的感想与理解，让学员看到有关同一素材的共同理解与不同理解。周遭的事务和事件固然可以成为素材，但是也需要明确什么能用，什么不能用，这就需要你自己进行甄别。

分析以上对话，我们可以明白讲师授课不能只有理论，也不能单论实践，而是需要应用恰当的培训素材，促进学员达到知行合一的高度。此时，培训素材的选择就显得尤为重要，既不能随意地复制与应用大众熟知的素材，又不可以从身边随便拿取案例，因为选择素材的关键在于思考。

第 17 讲　周遭都可以成为讲师的素材吗

　　素材来源于生活，讲师可以应用的素材有很多，它们可以是真实事件，也可以是虚拟故事，但是基本都来自生活，但有一句话需要铭记："素材来源于生活，却高于生活"。我们处于一个大家共同生活的环境，从周遭提取素材是一个很直接的方式，但并不是所有的案例都适合成为培训素材。用来辅助培训的素材对学员有很大的影响作用，讲师应该聚焦素材的中心，要注重素材的价值观、影响力和效益性。

　　【解读】 某讲师受邀为某货物运输公司的货车司机培训安全意识，随着近年来车祸次数的增加，诸多涉及车辆来往的企业都开始重视行车安全，这就是本次培训的原因。

　　在试讲环节，这位讲师以"为什么要系安全带"为题进行讲述，当讲到安全带的作用时，他对安全带的功能进行了大量的文字阐述，也用 PPT 做了很多补充，但是学员们听得都不是很认真，这让他很是无奈。试讲结束后，这位讲师询问他人自己的试讲是否存在问题，有人提出来自己的看法："安全带的作用人人都知晓，作为司机，他们更是一清二楚，我们授课的重点是让他们知道不系安全带会有哪些不良影响，为什么不对比一下系与不系安全带的结果呢？而且，PPT 的作用不仅仅是展示文字，还可以放置很多印象深刻的素材呀！"

　　该讲师听取意见后，对自己的课程设计做出调整，进入正式培训阶段，这位讲师的第一节课主题依旧是"为什么要系安全带"，不同于试讲的情况，这次他在 PPT 上放置了一个真实的案例：

　　两位司机行驶在较为狭窄的路段，因为天色较晚，且双方速度都很快，导致未能及时避让，其中，甲车司机及后座妻女都认真系安全带，乙车司机并没系好安全带，在碰撞后，甲车司机有轻微撞伤，后座妻女没有受到伤害，但乙车司机因为直接撞上方向盘，导致肋骨断裂。

　　同时，讲师还搜集了一些因为没有系好安全带而引发伤害的图片放置在案例后面，让学员可以更加直观地了解到事情的严重性。

在授课结束后，讲师询问学员的安全带问题是不是十分关键，课堂上的学员纷纷点头认可，并且在课后也有不少学员还在讨论相关话题。

培训素材对培训课程具有正向推动的作用，合理的素材可以让讲师的培训课堂更加生动鲜活，让学员印象深刻，比一堆大道理来得更加直接强烈，下面我们谈论一下有关搜索合适培训素材的方式与方法。

1. 寻找素材不可操之过急

讲师都知道搜集素材很重要，但越是重要，越不能过于急躁。在实际行动中，有不少讲师发现"貌似"可用的素材后，就会火急火燎地应用到自己的课程内容中，结果在梳理课程设计时，才发现素材与内容的逻辑不是很通顺，导致自己的授课节奏受到干扰。

预先搜集素材，讲师就应该明确之前的工作是否到位，正确的步骤应该是定内容、定方法和定素材，如图5-1所示。

定方法

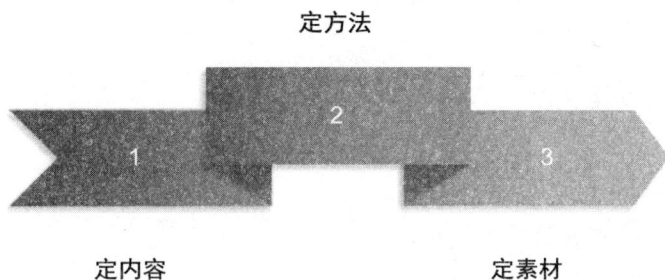

定内容   定素材

图5-1 素材搜集步骤

（1）定内容。讲师应该明确自己要讲什么？如果在搜集素材的时候还不明确自己要讲什么，就没有办法准确判断素材找得是否合理，连素材的合理性都不能准确分辨，那素材的效果就很难体现出来。

（2）定方法。不同的课程内容、不同的学习群体有不同的教学方法，讲师搜集的素材是配合着教学方法的，在没有明确教学方法的情况下确定素材，很容易出现素材无法导入的情况。

（3）定素材。搜集素材是一件重要的事情，但却不是最紧急的事情，就像素材的作用呈现过程一样，搜集素材是一个缓缓为之、徐徐图之的过程，讲师不需要太追求速度，需要知晓质量与合适才是关键。

2. 不要过度追求素材数量

"亮点太多就会失去亮点，重点太多就会没有重点"，同样的道理，讲师在课程设计中放置了太多的素材，就会让学员忽略素材的作用，而将关注点放在素材本身上面，这无异于是本末倒置。讲师之所以要去搜集素材，是为了让学员透过素材去消化和理解知识，如果课堂上过多地展示素材，学员的注意力就容易被素材所吸引，反而不在意知识的转化，这样就不能突出内容重点，培训效果自然不理想。

【解读】 一位讲师曾经讲述过一个"坚持才能成功"的主题，他为了凸显"坚持的重要性"这一观点，列举了不少的案例：

（1）陆羽弃佛从文；

（2）陈平忍辱读书；

（3）吴吉昌"吃想棉花，睡也想棉花"；

（4）司马迁写出《史记》；

（5）头悬梁锥刺股；

（6）孙康映雪夜读。

虽然这些素材都可以体现出坚持的重要性，但是讲师的素材太多，不仅会占用很多时间来展示，还会让学员都陷入到案例中，反而忘记了起初的目的是理解坚持的重要性。

素材不能成为课程的主要内容，它只是锦上添花的存在，优质的素材在精不在多，当讲师觉得自己的课程需要素材作为辅助时，可以大量地搜集案例素材，但是搜集的目的是更好地筛选，更好的选择是从多个素材中选择出最有教育意义的一个或两三个，太多的素材放置并不合理。

3. 素材要与学习对象匹配

鼓励讲师提高搜集素材的能力，就是为了让对方能够在合理的时间内找到适用于每次培训的素材，有部分讲师认为固定的几个素材就可以成为"万能模版"，他们往往会在多次培训中重复使用相同的素材。讲述相同的内容给不同的学员，可以选择使用之前的素材，但如果面对的是不同的内容或相同的学员都应该更换为合适的素材。同时，讲师还需要知晓只有做到与学习对象匹配，才能让素材吸引学员。

【解读】 一位讲师为某企业员工进行"团队合作"培训时，为了让学员看到团队合作的力量，他为学员播放了一段视频：动画片《熊出没》中熊大、熊二和光头强合作拯救小女孩嘟嘟的过程。伴随着视频的播放，讲师还表述了自己的想法与观点，但是台下坐着的员工大多是沉溺于职场十几年，甚至几十年的人，他们无法投入去观看动画片。结果可想而知，讲师讲得生动快乐，但是学员却有些不知所以，以至于讲师的课程讲述未能引起学员的共鸣。

有些时候，虽然素材已经与培训内容适配了，但是讲师却没有考虑到与受众的匹配度，这也是不行的。讲师在搜集素材时，不仅要考虑到自己要怎么讲，还需要思考学员会怎么听，学员会更愿意看到什么样的素材，讲师就应该找什么样的素材，因为培训课程的中心是学员，不是讲师自己。

4. 素材可以有一定的多样性

素材服务于课程、顺从于讲师，讲师不应该被素材的形式所限制，在培训过程中，可以应用的素材有很多种，讲师不要被一种或几种素材形式困在现有的认知里，而是可以将多种形式搭配使用。很多讲师在领略过素材插入的作用后，就会习惯性地应用之前使用过的素材形式，一次两次还可以接受，次数多了学员就会觉得不新鲜了。因此，讲师在搜集素材的时候，还需要关注素材的多样性，当课程中出现多样的培训素材时，课程会变得更加饱满丰富，学员也容易产生学习的动力。

5. 素材可以有一定程度的冲突

太平淡的素材不具备足够的吸引力，讲师在搜索素材时，可以选择一些具有冲突性的素材，这里的冲突性可以体现在情境里、情节上、人物上等，如图5-2所示。

（1）冲突体现在情境里。比如素材中的某个事情很难处理，让参与者产生冲突，是按照规定还是违反规定，这就成为吸引学员的地方。

（2）冲突体现在情节上。素材往往是或真或假的故事，既然被作为素材应用，就不能过于平铺直叙，如果学员看到开头就猜到结尾就没有什么兴趣，讲师搜集的素材最好一波三折，让学员在好奇中学习。

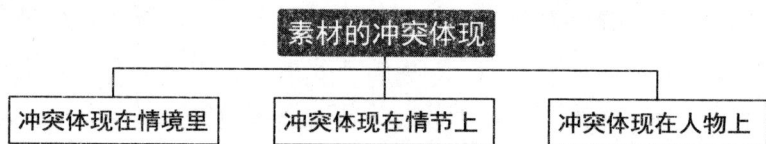

素材的冲突体现

冲突体现在情境里	冲突体现在情节上	冲突体现在人物上

图 5-2　素材的冲突体现

（3）冲突体现在人物上。故事由人与人之间的互动产生，讲师可以选择一些人物存在矛盾、分歧的素材应用到课堂上，让学员透过冲突加深对知识的理解。

6. 素材内容中应该有对比

讲师的素材如果想要吸引学员的关注，不妨从对比上下手。在培训中，最常使用的对比手法是正反对比。比如，将两个不同选择导致不同结果的案例放在一起对比，通过反差来强调某一观点的正确性。

需要注意的是，内容有关联性、性质有相似性、水平有相同性的对比效果更加明显，比如，有的孩子不努力而碌碌无为和有的孩子努力而事业有成的例子就存在不合理的对比性，因为两人的起点不同，无法确定结果不同是因为努力程度不同还是家庭情况影响。

7. 素材要有正向的价值导向

具有教育价值的培训更加成功，很多讲师的培训都只停留在传授知识与指导技能层面，但是放置的素材难免会涉及到价值观念，不是所有贴合培训内容的素材都适合放在课堂上传播，这是很多讲师容易忽略的问题。

在培训过程中，有很多素材不适合拿来应用，比如某些品行不正之人的事迹故事最好不用，容易让学员的注意力放在他的不良事迹上；某些价值观不正的言语需要删改，否则会有恶意引导学员思维的可能等。

第18讲 讲师培训素材是信手拈来的吗

站在一个小白讲师的视角，大家看到的优秀讲师无论是设计课程，还是课程讲述，都有非常自然的节奏，对他们来说一切好像都是信手拈来，包括培训素材的选择。其实，优秀的讲师比别人突出的一个优势就是经验，他们有丰富的授课经验，在选择培训素材上也有很多心得，之所以显得自然简单，是因为先前的努力与经历堆积至此。没有什么事情是信手拈来的，被用来培训学员的素材更不能草率地选择和应用，那么该如何选择和搜集适合的培训素材呢？

1. 通过不同渠道搜集素材

尽管大众都在使用网络，但是网络对不同群体来说发挥的作用不同，于讲师而言，网络必然是搜集素材的主要渠道，即便是自己选择的素材已经是学员浏览过的，但是如果加上个人的理解，完全可以把素材变得饱满创新。知晓网络的作用是一回事，能够利用网络准确地找到自己想要的素材是另外一回事，讲师可以选择使用文字素材、图片素材、视频素材等（如图5-3所示），而不同的素材需要从不同的渠道获取。

素材种类

文字类素材　图片类素材　视频类素材

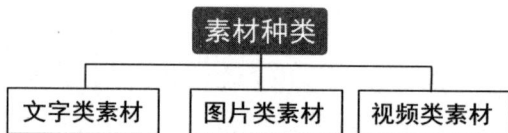

图 5-3　素材种类

（1）文字类素材。顾名思义，文字类素材就是用文字来诠释知识的素材，它可能是与讲师授课内容相关的内容补充，也可以是知识拓展。此类素材获取简单、应用简单，是很多讲师比较喜欢的类型，当讲师想要搜集文字类素材时，可以选择的渠道有百度、知乎等信息搜索平台，也可以选择万方、知网等专业数据网站，还可以选择诸多的读书平台筛选自己想要的文字内容。

（2）图片类素材。相较于文字素材，图片类素材更加简洁，通常起到概括、引导的作用，讲师在讲到层次分明的知识内容时经常用到。如果讲师想要获取有用的图片，同样可以从百度中搜索，除此之外，Pixabay（提供免费高质量图片、视频和音乐素材的网站）、UnSplash（分享免费高质量摄影作品的平台）等专业图片网站也是不错的选择。通常情况下，讲师都会把搜索的图片素材与文字内容搭配应用，这样可以帮助学员在加深记忆的同时增强理解。

（3）视频类素材。对讲师来说，视频类素材搜索难度较大，但对学员来说却很有吸引力，这也就是很多讲师愿意为了筹备视频类素材劳心伤神的原因。在没有专门提供视频类培训素材的网站、软件的情况下，讲师依旧可以在网络上找到一些可用的素材，此时，诸多的短视频平台、影视剧播放平台就成为一个不错的选择。因为视频类素材本身的灵活性，讲师在使用时也就能够灵活变通，可以利用现有的基础剪辑技术筛选自己想要的部分，也可以将多个视频整合到一起使用。

2. 通过他人帮助搜集素材

讲师虽然主要依靠自己的能力去授课，但是身处社会，没有社交、没有朋友，讲师的工作也会很有难度，所以在适当的时候，讲师可以通过获取他人的帮助搜集到可用的素材，可以选择求助的群体一般包括特定群体、讲师导师和合作机构（如图5-4所示）。当然，如果什么都不付出，就想获得别人的帮助，显然不现实，所以讲师最好用"投其所好"的东西作为交换。

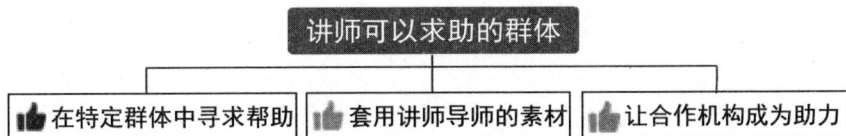

讲师可以求助的群体

👍 在特定群体中寻求帮助	👍 套用讲师导师的素材	👍 让合作机构成为助力

图5-4　讲师可以求助的群体

（1）在特定群体中寻求帮助。假如一个讲师负责讲授销售方面的内容，那么当他想要向有销售经验的人求取素材时，就可以选择用送别人一些礼物、请对方一顿饭等形式来换取。天下没有免费的午餐，如果讲师贸贸然地和对方要取素材，但是却不给回报，可能前面几次能够有所收获，但之后也不会太愉快。

（2）套用讲师导师的素材。讲师的知识从哪里来？当然是通过学习获得，那就需要有导师为其讲解，所以讲师可以选择套用自己导师的素材。如果对导师用过的素材记忆不清，则可以联系对方，然而，面对自己的导师，讲师也不能觉得一切行为都是理所当然，还是需要保持谦逊和礼貌。

（3）让合作机构成为助力。讲师培训的是谁？是企业的员工，最希望培训有效果的不只有讲师和员工，还包括企业本身，所以当发现自己的素材不足，且合作企业正好能够提供帮助时，讲师就可以向对方寻求帮助，而最终呈现的良好培训效果就是对企业最好的回报。

3. 消费换取培训素材

"能够用钱解决的事情，都不算是事情"，自己搜索素材需要付出时间与精力，向他人寻求帮助需要交换人情，在条件允许、交易平等的情况，讲师完全可以选择通过消费来换取素材。讲师花钱买来的是培训素材，负责培训的人还是讲师自身，所以如果可以"花小钱，办大事"，何乐而不为呢？

> **【解读】** 刘某是能力提升很快的一位讲师，他授课的一个特色就是培训素材经常会被学员深度研究，学员在自愿研究的同时也逐步加深了理解。
>
> 王某是刘某的朋友，两个人几乎同时进入讲师行业，看到刘某的进步，王某很是羡慕，于是便向其请教。刘某表示，自己对自己的素材搜集能力不是很信任，于是便和一个PPT制作机构达成合作，自己提前将做好的课程设计发给机构人员，他们就可以根据需求制作合适的PPT素材，这样不仅可以节省自己的备课时间，还能保证培训素材的质量。
>
> 听到刘某的回答，王某虽然认可这种方式，但是又觉得消费换取素材不值，于是坚持自己花时间和精力去搜集资料，但是慢慢地，王某发现自己在搜索素材上所花费的时间已然足够让刘某完成一项新的培训并开始新的学习周期。相比下来，刘某真的是实现了低消费、高回报，并且还可以加快个人成长的速度。

现如今，能够提供培训素材的收费机构、软件、网站等有很多，对于经常消费的讲师来说，大多还可以通过会员服务来节省消费。作为一位培训效果良好的讲师，如果可以通过低廉的消费节省备课时间，绝对是一件得大于失的事情。

4. 拓宽视野，扩充素材库

相比于校园教师，企业的讲师更加自由，他们通常对自己的时间有很高的支配权，所以可以选择去拓展自己。有不少讲师认为，只有在培训的时候才可以通过积攒经验来提升自我，这样的认知固然不是错误，却具有一定的片面性，时代在变化、环境在改变，如果不能走出去，很容易就会落后。

如果不能将时兴的素材带到课堂上来，不仅会使课程失去新意，还有可能会教导出"落于人后"的学员，所以讲师应该腾出一些时间，走下讲台、走出课堂，去拓宽视野，从而充实自己的培训素材库。

5. 参与线上线下社交

素材从哪里来？从人的身上来，不接触人就很难获取素材，讲师应该去积极地参与社交，有精力就去线下约见朋友、有时间就在线上沟通交流，只要愿意，任何人都有可能成为素材的来源。

讲师培训学员，之所以知晓自己培训的内容有用，是因为它在别人的身上发挥了作用，试想，一个没有经过验证的技巧，讲师会讲给学员吗？企业会允许讲师讲吗？学员会愿意听吗？学员接受培训的前提是讲师的知识足够有价值，而培训素材的作用就是增加知识的说服力，所以讲师应该通过社交去搜集素材，有时候，越是真实发生的案例对学员越有吸引力和推动力。

6. 参加行业会议和研讨会

企业希望讲师讲的是行业知识，如果讲师只会讲，却没有东西可讲，就如同一个桶可以装水，但是却没有水一样，身为讲师，自己为学员讲述什么内容，就需要去熟悉和了解相关行业的信息。

如果说企业领导是企业的先行者，那么讲师就应该是行业的先行者，一个能够被企业认可和招聘成为讲师的人，他必然对行业有足够的了解，而讲师对行业的了解不是信手拈来，而是实际行动后的积累。

如果想要向学员展示有价值的培训素材，讲师就需要时刻地关注行业现状、掌握行业动态，此时就可以选择参加行业会议和研讨会，因为在这些活动上听取别人意见、交换彼此想法的同时，讲师可以增加自己对行业实情的了解。

7. 保持阅读的良好习惯

"书中自有黄金屋，书中自有颜如玉"，如果一个人觉得自己不够渊博，就可以去阅读，同样地，如果一个讲师觉得自己的培训素材不足，也可以从书籍中找到答案。讲师缺乏素材无非是两种情况，一种是找不到素材，另一种是不会找素材。

首先，找不到素材是讲师在搜集过后，没有发现可用的素材。知识是无限的，有限的书籍有无限的未来，所以书籍资源也是源源不断的，讲师可以去阅读与培训内容相关的书籍，从书籍中筛选有用的内容作为自己的培训素材；

另外，不会找素材是讲师不具备自主搜集素材的能力，从而错过很多有效的素材。书籍存在的一个意义就是传授知识，各类书籍可以帮助读者提高各种能力，素材搜集亦是能力之一，讲师则可以通过阅读相关书籍去学习该怎样正确地搜集培训素材。

8. 建立自己的素材库

一个不会收集素材的讲师不是聪明的讲师，在整个的职业生涯中，讲师会接触到很多次的培训，即便是讲述相同的内容，因为接触的学员不同，讲述的次数不一等原因，也会有不同的体验，其中有价值、有意义的经历都可以成为自己的素材库。

就好比一个学生解答一道题目会使用一个方法，这个方法不是用过了就不能再用，而是可以被记忆或记录下来，也许在另一个题目中还可以发挥作用。

讲师的授课过程主要包括课前设计、课中讲授和课后回顾三个部分，在此期间可以收获很多内容与信息，便可以将其收集起来，一次次地收集组合起来就是丰富的素材库，可以为后续的培训提供充足的素材储备。

当讲师可以从自己的素材库中找到适合的素材时，就可以节省再去搜集和整理素材的时间，如此这般，就有更多的时间去丰富和筹备接下来的培训课程。除此之外，由自己创建和整合的素材库，讲师即便不能精确清晰地记住每一个素材案例，但是也可以对大部分的素材内容留有印象，这就足够减少搜集和浏览的时间。

后　记

　　"陆止于此，海始于斯"是诠释着对于大海的深情。陆地的尽头，恰恰是更广袤大海的开始，金牌讲师班一批批学员毕业了，其实结束就是新的开始，路漫漫其修远兮，在攀登中学习攀登，在讲台上成就自我。经营企业就是经营人，经营即教育，如果用教育的理念来看企业，企业就是一所学校，老板就是校长，各级管理者就是教员，员工就是学员，可以说所有职业最后的终极职业就是成为讲师。

　　企业由人成立、构建与运营，企业的变革和发展最终都依赖于人的成长和变化。企业走向辉煌的关键在于企业领导人，领导人的关键在于不断提升自我，主要围绕以下八个字。

　　第一，立志。

　　志不立，天下无可成之事。其实，不论你想做什么事情，做成什么的结果，想成为什么样的人，想达到什么样的成就，立志都应该首当其冲。放在企业层面，就是要有使命、愿景与价值观，搞一些务虚的东西，实的东西也是从虚的东西里面生出来的，这叫"有生于无"。放在个人层面，可以叫初心，做事首先起心动念要正，有了初心就有了核动力。

　　第二，勤学。

　　学无止境，但学又有止境。学习是个特别专业的事情，尤其在如今知识泛滥的年代，学好了就是智慧，它就是无止境的，学不好就是迷惘，它就是学有止境的了。向有结果的人学习，叫作实践学习，实践是检验真理的唯一标准；向周围同事学习，叫作社会化学习，可以避免闭门造车；向经典书籍去学习，叫作理论化学习，帮助我们指引方向。

　　第三，改过。

　　是人都会犯错误，圣人与常人的区别不在于犯不犯错误，而在于能不能及时地、不断地改正错误。我们要对做过的事情经常复盘，优化流程、迭代心智。

第四，责善。

朋友之道，忠告而善道。不论是对师长，朋友，同事，还是领导，都要与人为善，该表达的要表达，但要注意说话的方式和语气，要在深刻洞察人性的基础上言语，达到让人心悦诚服的效果。

行文至此，我最想送给读者的是四个字"先悟后做"，说的是一个人真正的成长和进步，是从觉悟以后开始的。有很多学员对我反馈："很多东西会在一瞬间突然领悟。上导师的课程就像在打通我们的任督二脉，突然悟到了很多年悟不到的东西，此时我们就可以开始真修了。"

"先悟后做"通俗的解释是，在领悟了道理之后，开始进行实际的成长和进步。这里的"悟"可以理解为对某种真理或道理的领悟，而"做"则是指通过实际的行动和实践来加深对这种真理或道理的理解和体验。

不论我们学习什么内容，都要求我们对其深入理解，然后用它们来指导我们教学和辅导企业的实践，这个过程需要不断地反思和总结，以便不断优化我们的方法和策略，从而达到更高的水平和更好的效果。

理解之后付诸实践，才是真正的实践，让我们一起在学习与实践中持续进步！

张　玉